Peter Buchenau / Alexander Hofmann

Die Performer-Methode

AF147150

Peter Buchenau / Alexander Hofmann

Die Performer-Methode

Gesunde Leistungssteigerung
durch ganzheitliche Führung

Unter Mitarbeit von Godela Tönnies

GABLER

Bibliografische Information der Deutschen Nationalbibliothek
Die Deutsche Nationalbibliothek verzeichnet diese Publikation in der
Deutschen Nationalbibliografie; detaillierte bibliografische Daten sind im Internet über
<http://dnb.d-nb.de> abrufbar.

1. Auflage 2012

Alle Rechte vorbehalten
© Gabler Verlag | Springer Fachmedien Wiesbaden GmbH 2012

Lektorat: Ulrike Lörcher | Gabriele Staupe

Gabler Verlag ist eine Marke von Springer Fachmedien.
Springer Fachmedien ist Teil der Fachverlagsgruppe Springer Science+Business Media.
www.gabler.de

Umschlaggestaltung: KünkelLopka Medienentwicklung, Heidelberg
Druck und buchbinderische Verarbeitung: Ten Brink, Meppel
Gedruckt auf säurefreiem und chlorfrei gebleichtem Papier
Printed in the Netherlands

ISBN 978-3-8349-3091-0

▌GELEITWORT ▌

Immer wieder begegne ich in meiner Zeitmanagement-Arbeit dem Denken, das „schneller" automatisch „mehr" wäre, und erstaunlich viele deutsche Führungskräfte scheinen Ihre Arbeitsleistung an der Anzahl der gearbeiteten Stunden, den Überstunden und dem Stress-Pegel zu messen. Vielerorts werden die Kollegen mit den wenigsten Überstunden bereits schief angeschaut.

Überstunden, Stress und Übermüdung werden zum Status-Symbol. Wenn es gut läuft, setzt beim ersten Bandscheibenvorfall, Herzinfarkt oder Burnout eines Kollegen dann ein Umdenken ein. Oft legen die anderen den Zusammenbruch aber auch einfach als Zufall oder Schwäche aus. Abgesehen vom Raubbau an der eigenen Gesundheit macht das Ganze aber selbst aus kurzfristigen Gesichtspunkten fürs Unternehmensergebnis keinen Sinn (von den langfristigen ganz zu schweigen). Man kann von 07:00 bis 23:00 Uhr im Büro sitzen, 150 E-Mails beantworten, 8 Besprechungen und 5 Telefonkonferenzen mit anderen Kontinenten dazwischen quetschen und trotzdem nichts geschafft haben außer Rückfragen und Missverständnisse zu produzieren. Was zählt ist nicht, wer am längsten das Licht an hat, wie lange wir arbeiten oder wie viel Stress wir haben, wie viele Mails und Besprechungen wir hinter uns bringen - sondern nur, was am Ende als Ergebnis dabei heraus kommt.

Das war übrigens schon in der Geschichte mit dem Hase und dem Igel so. Nur gerät es gerade heute paradoxer Weise immer mehr in Vergessenheit, weil wir dank moderner Technik immer schneller Informationen und Nachrichten bekommen, erstellen, verteilen und beantworten können. Sicher gehört auch ein gewisses Tempo zum Arbeiten, „Effizienz", die Dinge richtig tun – wenn Sie endlich 10-Finger-Schreiben lernen, brauchen Sie nur noch halb so viel Zeit, Ihre ganzen E-Mails und Berichte zu tippen. Viel wichtiger hingegen ist Effektivität, die richtigen Dinge tun. Die Sache mit einem Dialog am Telefon statt einem Marathon aus 20 Mails klären, den 15 Leute in cc mitlesen müssen. Durch eine vernünftige Analyse und Verbesserung der Produktionsprozesse dafür zu sorgen, dass die Fehlerrate auf die Hälfte sinkt und dadurch für alle Zukunft automatisch alles schneller läuft, ohne dass man andere Parameter ändern oder die Mitarbeiter hetzen müsste. Das ist gutes Zeitmanagement. Und nach der Ebene „Effektivität" geht es erst richtig los:

Wir in Deutschland arbeiten immer mehr im Bereich Dienstleistung und „Informationsarbeit" – nicht mechanisch immer wieder die gleichen Handgriffe ausführen, sondern Informationen sammeln, filtern, bewerten und aufbereiten. Immer wieder neue komplexe Entscheidungen treffen, die morgen anders sind als heute und für die es kein Handbuch, keine klare Vorgehensweise zum Erfolg gibt. Denken Sie dabei an die Hintergründe für bessere Leistung, um die es in der „Performer-Methode" geht: Wer körperlich und mental fit ist, wer ausgeschlafen ist, wer sich von den Kollegen, Vorgesetzten (aber auch Mitarbeitern) respektiert und wertgeschätzt fühlt, wer mit einer positiven Grundhaltung an die Dinge geht und weiß, dass er etwas schaffen kann, wer Verantwortung, Vertrauen und Entscheidungsfähigkeit für seinen Aufgabenbereich bekommt und dadurch auch eigenständig und flexibel reagieren und handeln kann, wer einen Sinn in seinem Handeln und auch das große Ganze sieht, der bringt auch hervorragende Leitungen. Und lässt seinen Chef klasse aussehen. Der fühlt sich wohl und bleibt dem Unternehmen lange treu. Und vor allem pflegt er auch seine Gesundheit und seine Seele.

So wie es im letzten Absatz steht, klingt das Ganze so einfach. Und das ist es sogar. Wenn wir es uns nur nicht unnötig schwer machen, sondern den Mut haben, auszubrechen aus dem „Schneller - länger - gestresster - Spiel". Es kostet Mut, es kostet Einsatz, und am Anfang sogar Zeit und Nerven. Vor allem geht es nicht von heute auf morgen. Doch der Einsatz rentiert sich schnell. Trauen Sie sich!

Holger Wöltje,
Deutschlands führender Experte
für Zeitmanagement mit Outlook, Blackberry und iPhone

❚ VORWORT   ❚

Manche Manager braucht man,
manche Führungskräfte will man,
einen Performer will man brauchen.

Peter Buchenau

Wenn mir vorher jemand erzählt hätte, wie anstrengend es ist, nebenberuflich ein Buch über ganzheitliche gesunde Führung zu schreiben, hätte ich es wahrscheinlich nicht geschrieben. Aber heute würde ich es wieder tun. Das Anstrengendste war, dass ich so ziemlich alles neben meiner eigentlichen Tätigkeit als Berater, Interimsmanager und Coach schreiben musste. Jede noch so kleine Aussage musste überprüft, oft genug recherchiert und nachgeschaut werden. Vieles in diesem Buch ist selbst erlebt, selbst entdeckt, selbst gelöst. Daher kann ich ruhigen Gewissens behaupten: Alles wurde überprüft. So ist ein Buch entstanden, das einerseits für Nachwuchsführungskräfte, Personalverantwortliche aber auch für Top-Manager geschrieben ist und so einfach wie möglich – eben mit gesundem Menschenverstand – erklärt, wie ganzheitliche und gesunde Führung funktioniert. Die Nachwuchsführungskraft wird mit Sicherheit viel Neues entdecken und von diesem Buch sehr profitieren. Profis benutzen lieber Bilder und lesen sehr selten Bücher. So habe ich ein paar kleine Bilder integriert. Dennoch denke ich, dass auch der eine oder andere gestandene Manager das eine oder andere Interessante finden wird.

Dieses Buch ist in Zusammenarbeit mit Alexander Hofmann entstanden, einem Kollegen, den ich sehr schätze und mit dem ich unzählige weltweite Projekte realisiert habe. Viele Praxisbeispiele kamen aus seiner Feder. Danke Alex.

Nun aber zu den obligatorischen Dankesreden im Vorwort.

Zunächst will ich mich bei Ihnen, dem Leser, bedanken. Einerlei, ob Sie das Buch bereits gekauft haben oder noch in der Buchhandlung sitzen und überlegen. Was wären Bücher ohne Leser!

Dann geht ein großer Dank an alle Manager, gute wie schlechte, an Personalverantwortliche, an Unternehmen, an Projektverantwortliche, die dazu beitrugen, dieses Buch sehr praxisnah zu schreiben.

Das Kapitel „Respekt" wurde von Godela Tönnies geschrieben. Frau Tönnies ist eine sehr erfahrene, PMP-zertifizierte Projektmanagerin und hat u.a. für T-Systems oder Fujitsu erfolgreich große internationale Projekte realisiert. Herzlichen Dank an Godela.

Dank auch an meine Lektorin Ulrike Lörcher vom Gabler Verlag, die mit mir so manche Extrarunde drehen musste.

Zum Schluss, Dank auch an meine Lebensgefährtin Bettina, welche auf so manche Stunde mit mir verzichten musste.

Am Ende dieses Vorwortes gibt es ein „Zückerchen": Heben Sie bitte den Kassenbon für dieses Buch gut auf! Dieser Kassenbon berechtigt den Besitzer zu einem Rabatt von 20% auf die Kosten eines beliebigen Trainings, Vortrags oder Workshops bei

www.peterbuchenau.de

www.stressregulierung.de

Danke, Ihr Peter Buchenau

INHALTSVERZEICHNIS

Einführung

Die Performer-Methode, die wir Ihnen im vorliegenden Buch vorstellen, dient zur Orientierung an neuen und alten Werten. Sie ist ein Leitfaden für den langfristigen Erfolg von Mensch und Unternehmen.

„Was, zum Beispiel, macht Erfolg aus?", „Wie können Mitarbeiter langfristig leistungsfähig und motiviert bleiben?", und: „Wie kann man ein langfristiges, erfolgsreichsorientiertes Führungsverhalten erreichen?".

Diesen und anderen Fragen gehen wir in diesem Buch nach. Wenn wir Sie zum Nachdenken anregen und für Veränderungen motivieren, dann haben wir viel erreicht. Der erste Schritt liegt bei Ihnen. Gehen Sie ihn! Die anderen werden folgen...

Wenn Sie ein reines Managementbuch im klassischen Sinne suchen, dann legen Sie dieses Buch am besten gleich beiseite und holen sich eines von den vielen, die auf dem Markt zu finden sind. Es gibt zahlreiche gut bis schlecht geschriebene Büchern zu sehr ähnlichen Themen. Die klassischen Führungsmethoden haben sich in den letzten Jahren nicht großartig verändert und so verwundert es nicht, dass sich auch in Bezug auf die entsprechende Literatur wenig getan hat.

In diesem Buch lernen Sie Gedanken und Erfahrungsberichte unterschiedlicher Führungskräfte kennen. Sicherlich werden Sie sich in der einen oder anderen Situation wiedererkennen.

Wichtig ist, dass Sie bislang überhaupt gehandelt haben und sich nicht, wie viele Manager, einfach auf Befehle und Anweisungen wartend, hinter ihrem Schreibtisch oder innerhalb einer großen Organisation, versteckt haben. „Eh-Da's" haben wir in den Firmen genug. Es fehlen Unternehmer und Performer.

Deutschland braucht neue Visionen, unter Berücksichtigung traditioneller Werte. Besonders jetzt, nach der Wirtschaftskrise, sind Themen wie Glaubwürdigkeit, Vertrauen, Zuverlässigkeit oder Loyalität wichtiger denn je. Schreiten Sie zur Tat: Etablieren Sie deutsche Wertarbeit wieder als Qualitätsstandard. Interpretieren und füllen Sie „Made in Germany" mit neuen Werten. In einer globalen Wirtschaft ist nicht mehr der Produktionsstandort für die Qualität entscheidend, sondern die Einstellung der Führungskräfte und Mitarbeiter, die ein Unternehmen und letztendlich auch die Produkte ausmachen. Es gilt in diesem Zusammenhang, Probleme zu lösen und Neues zu schaffen.

Vorliegendes Buch ist praxisnah und verständlich geschrieben. Wir brauchen keine komplizierten Wortgebilde, sondern einfache und klare Worte. Die Sprache muss allgemeinverständlich sein. Alle sitzen in einem Boot: Top-Manager, Fließbandarbeiter, Universitätsprofessoren, Krankenschwestern usw. Es ist uns wichtig, dass Sie das Buch mit Freude lesen und Spaß haben, die vorgestellten Ideen umzusetzen.

In den nächsten 20 Jahren werden sich voraussichtlich die folgenden drei Führungsthemen durchsetzen:

Werte werden wichtiger

Haben wir nicht schon genug Vertrauen in unsere Führungselite verloren? Schmiergeldzahlungen, überhöhte Boni, Finanzkrise, nicht eingehaltene Wahlversprechen begleiteten uns in den letzten Jahren. Laut einer GfK Studie aus dem Jahr 2008 liegen die Berufsgruppen Manager und Politiker mit 15 bzw. 10 Vertrauenspunkten weit hinter den Berufsgruppen Feuerwehr mit 95 Vertrauenspunkten oder Ärzten mit 87 Vertrauenspunkten.

Nachwuchsführungskräfte haben den Imageverlust bereits erkannt und darauf reagiert. Interessant ist, dass bei der im Jahr 2009 durchgeführten Führungskräftebefragung der Deutschen Wertekommission die Werte Familie, Partnerschaft, Ehrlichkeit und Wahrheit mit großem Abstand vor den Werten Geld, Macht, Luxus gestellt wurden.

Werte spielen eine wichtige Rolle. Sie sind so individuell wie die Menschen, die damit umgehen. Manchmal werden sie positiv gelebt, manchmal mit Füßen getreten.

Gesundheit wird zur Chefsache

Stress nimmt nicht nur am Arbeitsplatz zu. Drei von vier Führungskräften in Deutschland fühlen sich massiv gestresst. Bei Frauen in Führungspositionen kommt oft noch eine weitere Belastung durch Familie und Kinder hinzu. Immer mehr Arbeit muss von immer weniger Personal bewältigt werden. Die durch Stress verursachten Ausfallkosten des Personals belaufen sich für Arbeitgeber in Deutschland auf über 80 Milliarden Euro. Die Weltgesundheitsorganisation hat Stress zur größten Gesundheitsgefahr des 21. Jahrhunderts erklärt. Werksärzte, Personalverantwortliche, Berufsgenossenschaften, Gewerkschaften und Krankenkassen sind mit diesem Problem maßlos überfordert. Die meisten haben keine Ideen, wie sie Mitarbeiter wirklich schützen können. Von wirksamen Konzepten oder Visionen ganz zu schweigen. Hiervon betroffen ist auch die Gesundheitspolitik. Heißt es nicht, vorbeugen ist besser als heilen?

Die von den Politikern geforderte Selbstverantwortung des Menschen, also des Mitarbeiters, ist gut und schön. Allerdings in punkto Umsetzung sehr schwierig. Es hat sich über die Jahre hinweg gezeigt, dass gerade diese Eigenverantwortung zu den größten Herausforderungen menschlichen Daseins gehört. Wir sind eben nicht rein vernunftorientiert, sondern werden begleitet von unserem inneren Schweinehund, der unter Umständen sehr dominant sein kann. Wir nennen dieses Phänomen kognitive Dissonanz. Dies besagt ganz einfach: *Wir denken gerne schlau - handeln dann aber blöd.*

Wer ein gesundes Leben und ausgewogenes Leben führen möchte, muss sich darüber bewusst ein, dass das eigene Leben einzigartig und wertvoll ist. Wer etwas verändern möchte, muss hierfür den Willen haben und vor allem auch die Disziplin zum Durchhalten. Leider fallen viele nur allzu leicht wieder in ihre alten Denk- und Verhaltensmuster zurück.

Führungskräfte können die Verantwortung für ihre Mitarbeiter übernehmen und ihnen helfen, sie auf den richtigen Weg zu bringen. Dies funktioniert nur über das entsprechende "Vorleben".

Eine gesunde Firma braucht gesunde Mitarbeiter!

Tue Gutes und berichte darüber

Marketing und Public Relation wird immer wichtiger, denn: „Ist der Ruf erst einmal ruiniert, lebt sich's frei und ungeniert". In diesem bekannten Sprichwort steckt viel Wahrheit. Es ist sehr schwierig, einen zu Recht oder auch zu Unrecht erhaltenen negativen Ruf wieder ins rechte Licht zu rücken. Einige Manager der deutschen Business-Elite, die immer wieder negativ in den Schlagzeilen stehen, werfen auf einen ganzen Berufsstamm ein schlechte Licht. Es gibt über Hunderttausend hervorragende Führungskräfte, allein in Deutschland, die sich überdurchschnittlich engagieren, für ihre Belegschaft da sind, sie unterstützen, motivieren und anleiten. Sehr oft sind diese Führungskräfte mit dem Mitarbeiter sogar sozial stark verbunden. Menschen, wie Herr Hoffmann, der im Südwesten Deutschlands einen mittelständischen Betrieb mit über 700 Mitarbeitern erfolgreich führt und jeden einzelnen Mitarbeiter beim Namen kennt. Wir waren begeistert, als wir Herrn Hoffmann vor sechs Monaten besuchten. Jeder Mitarbeiter, der uns auf dem Weg in sein Büro oder anschließend bei der Firmenbesichtigung begegnete, wurde mit Namen angesprochen. Der Mitarbeiter grüßte Herrn Hofmann freundlich und mit einem Lächeln auf dem Gesicht zurück. Wer möchte nicht gerne für einen solchen Vorgesetzten arbeiten? Diese Firma hat weit über den Bezirk Südbaden hinaus einen exzellenten Ruf als Arbeitgeber. Warum berichtet die Presse nicht einmal über solche Unternehmen?

Erfolgreiche Unternehmen sollten sich, positiv am Markt präsentieren. Sie sichern sich Sympathie und damit ihre Überlebungschancen, wenn Sie aufzeigen können, dass sie attraktiv sind für die besten Mitarbeiter im Land. Für die Wahrung der Attraktivität in der Öffentlichkeit ist zum einen ein strategisches

PR-Konzept wichtig und zum anderen die richtige Unternehmens- und Personalführung.

Es muss klar herausgestellt werden, welchen Stellenwert die Mitarbeiter und Führungskräfte für ihr Unternehmen haben bzw. welche Maßnahmen ergriffen werden, um ihre Leistung und ihre Gesundheit zu erhalten. Nicht umsonst ist die Auszeichnung "mitarbeiterfreundlichstes Unternehmen des Jahres" so begehrt. Dies schlägt sich natürlich auch positiv auf die Performance der Unternehmen nieder.

Denken Sie daran: *Gutes zieht Gutes an, Schlechtes eben nur Schlechtes.*

Letztendlich ist Performance der Schlüssel zum Erfolg. Denn der Weg ist das Ziel! Auf diesem Weg gilt es, das Potenzial der Mitarbeiter, Führungskräfte und Unternehmen zu erkennen und zu nutzen. Oder, wie Michael Mittermeier so schön formuliert hat: „Wir müssen uns von Bremsern trennen". Man kann von Mittermeier halten, was man will, aber an dieser Stelle hat er recht. Wir haben zu viele Bremser in Deutschland, wir hören immer nur, warum etwas nicht geht oder was uns hindert, etwas zu tun.

Wer sind wir eigentlich? Wo sind die Visionen, wo ist Deutschlands Selbstwertgefühl, das Markenzeichen: „Made in Germany", die Werte, für die wir einmal standen? Was macht uns, unser Land, unsere Unternehmen und unsere Kultur heute eigentlich aus? Sind unsere Werte tatsächlich verschwunden oder müssen sie vielleicht neu interpretiert werden?

Die Performer-Methode ist ein Instrument zum Erhalt bzw. zur Steigerung der Leistungskraft von Mensch und Unternehmen. Sie ist keine klassische Managementmethode, wie sie zum Beispiel Malik, Porter oder Lauterburg beschreiben. Es ist vielmehr eine werteorientierte, praxiserprobte Vorgehensweise. Sie besinnt sich auf Werte zurück, die einen gesunden Menschenverstand ausmachen. Jeder von uns hat einen Verstand, der mit vergangenen Erlebnissen und Erfahrungswerten verknüpft ist. Denken wir an die Vergangenheit zurück, fühlen wir, ob wir Entscheidungen falsch oder richtig getroffen haben. Menschen, die gelernt haben, mit Niederlagen umzugehen und daraus zu lernen, bauen Selbstvertrauen auf. Sie vertrauen auf ihren gesunden Menschenverstand und sich selbst.

Es gibt jedoch auch Menschen, die es verlernt haben, sich zu vertrauen. Sie können mit Niederlagen nicht umgehen und haben ihre Erfahrungen überwiegend negativ abgespeichert. Dieses Gefühl lässt sie an allen zukünftigen Entscheidungen zweifeln. Ihnen fehlt die Orientierung.

Die Performer-Methode dient als Leitfaden zur Orientierung. Sie dringt nicht bis in die Tiefe menschlicher Psyche vor, sie wird nicht Ihre verborgenen Sehnsüchte, Talente, verschütteten Wünsche oder Zielsetzungen erforschen. Sie weckt nur das Interesse, es zu tun und motiviert zum Handeln. Es wird Sie zufriedener machen, wenn Sie sich ein bisschen erforschen, in sich hinein hören und auf sich hören lernen.

Es ist wichtig zu wissen, wer man ist, welchen Wert man als Mensch besitzt, für welche Werte man sich einsetzt bzw. als wichtig erachtet. Man wird greifbar. Das gilt für Menschen und für Unternehmen gleichermaßen. Werte bilden unser Profil.

Nur so können wir leidenschaftlich, mit Herz und Verstand, Entscheidungen treffen, ohne dass wir diese von vornherein anzweifeln bzw. darüber nachdenken, was andere gerade von uns halten. Wir sind bereit, das Risiko einer Fehlentscheidung einzugehen, weil unser Fundament fest verwurzelt ist.

Im Folgenden stellen wir Ihnen die neun Merkmale der Performer-Methode vor. Wir gehen Schritt für Schritt vor, begleiten Sie uns dabei.

Die neun Merkmale der Performer-Methode

P = Purpose / Sinn

E = Empowerment / Bevollmächtigung

R = Relationship / Beziehung und Kommunikation

F = Flexibility / Flexibilität

O = Optimism / Optimismus

R = Respect / Respekt und Anerkennung

M = Motivation / Motivation

E = Energy / Energie und Tatkraft

R = Result / Ergebnis

P WIE PURPOSE

Mit dem sechsten Sinn zur werteorientierten Führung oder auch Sinn oder Unsinn im Management. Folgende wahre Geschichte zeigt auf, wie eng Sinn und Unsinn zusammenhängen.

Jeder von Ihnen kennt Walt Disney und auch seine Vergnügungsparks, auch wenn man vielleicht noch nie dort gewesen ist. Das Magic Kingdom ist ein Vergnügungspark in Lake Buena Vista im US-Bundesstaat Florida, etwa 30 Kilometer südwestlich von Orlando. Eröffnet wurde der Park am 1. Oktober 1971. Entworfen und gebaut wurde er durch WED Enterprises. Mit schätzungsweise 17 Millionen Besuchern pro Jahr ist er der meistbesuchte Vergnügungspark weltweit. Inmitten des Parks steht ein wunderbares Märchenschloss.

Zu Beginn der Bauarbeiten kam es zu heftigen Diskussionen zwischen den Parkplanern und den ausführenden Bauleitern. Die Bauleiter bevorzugten ein systematisches, schrittweises Vorgehen auf der riesigen Baustelle. Dies sah vor, dass man am Rand des Parks zu bauen beginnt. Mit jedem Bauabschnitt konnte dann weiter in den Sumpf Floridas vorgedrungen werden. Die nachfolgenden Bauphasen, weiter im Inneren des Parks, konnten somit die bereits erstellte Infrastruktur wie Wege, Straßen und Kanäle nutzen - bis hin zum Ziel, dem majestätischen Märchenschloss in der Mitte des Vergnügungsparks. Dieses Vorgehen hätte nach den Berechnungen massive Kosten einspart, da das Baumaterial an den mittleren und zentralen Baustellen schneller angeliefert hätte werden können. Aus finanzieller und architektonischer Sicht ein absolut sinnvolles Vorgehen.

Disney's Parkplaner dagegen wollten zuerst mit dem Märchenschloss in der Mitte des Parks beginnen. Sie wollten Walt Disneys Vision aufrechterhalten: Visionen und Ideen müssen visualisiert, also sichtbar gemacht werden. Nur wenn jeder Bauarbeiter, jeder Zulieferer, jeder Produzent sieht wofür er arbeitet, werden seine Sinne und sein persönlicher Einsatz vom bereits Geschaffenen, vom Sichtbaren, beflügelt werden.

Nur, wenn der Mensch weiß, wofür er arbeitet oder kämpft, kann er mit dem Herzen dabei sein.

Auf dem Papier war die Variante, mit dem Märchenschloss in der Mitte zu beginnen, erheblich teurer als die von den Bauleitern favorisierte Bauvariante. Nach langen Diskussionen setzten sich Disneys Parkplaner schließlich durch, da sie ja die Geldgeber und Investoren des Parks waren. Rein wirtschaftlich aus damaliger Sicht total unsinnig.

Umso erstaunlicher war es, dass der Park in wesentlich kürzerer Zeit fertig gestellt wurde und somit auch die Kosten weitaus niedriger waren als angenommen. Sogar die budgetierten Kosten der anderen Bauvariante wurden unterschritten.

Auf diese Weise wurde aus einer unsinnigen Entscheidung auf einmal eine sinnvolle Entscheidung. Niemand zweifelte mehr an der Kompetenz der Parkplaner. Bei der Errichtung der nachfolgenden Themenparks kam ein Widerstand der Bauleiter nicht mal mehr ansatzweise auf. Was hatte nun gesiegt: Sinn oder Unsinn?

Unter Berücksichtigung naturwissenschaftlicher Erkenntnisse, unterscheidet man im allgemeinen Sprachgebrauch klassischerweise fünf Sinne, die bereits von Aristoteles beschrieben wurden:

Sehen = die visuelle Wahrnehmung

Hören = die auditive Wahrnehmung

Riechen = die olfaktorische Wahrnehmung

Schmecken = die gustatorische Wahrnehmung

Tasten = die haptische Wahrnehmung

Alle diese Sinne sind einem gesunden Menschen angeboren und funktionieren „automatisch", wobei jede Sinneswahrnehmung mehr oder weniger stark ausgeprägt ist. Sinne können trainiert und verbessert werden.

Doch im beschriebenen Beispiel von Walt Disney war wohl ein weiterer Sinn vorhanden:. der sechste Sinn.

Der sechste Sinn

Der Ausdruck „sechster Sinn" wird häufig verwendet, wenn jemand etwas bemerkt, ohne es bewusst mit den bekannten fünf Sinnesorganen wahrzunehmen. Warum riecht man zum Beispiel den Braten oder warum hat manches einen bitteren Nachgeschmack? Woher kommt diese „übersinnliche" Wahrnehmung? Vereinfacht sagt man auch:

„Ich habe da so ein Gefühl im Bauchbereich.."

Beim „sechsten Sinn" wird normalerweise eine Alltagssituation umgangssprachlich beschrieben. Doch auch in der Berufswelt, quer durch alle Hierarchieschichten, ist dieser sechste Sinn vorhanden. Es wird in der Regel keine bestimmte Aussage dazu getroffen werden, wie die Wahrnehmung funktioniert hat, was der Auslöser war, sondern lediglich, dass der „sechste Sinn" in der gegebenen Situation nicht offensichtlich zu erklären war. Hier haben wir das unbewusste Gefühl wieder.

Manche Biologen benutzen den Begriff „sechsten Sinn" allerdings zunehmend, um damit Sinne und die damit verbundenen Reaktionen von Tieren zu beschreiben: Zitteraale zum Beispiel erkennen im Dunkeln ihre Gegner durch die Wahrnehmung von Änderungen elektrischer Felder; Zitterrochen nehmen die Körperelektrizität ihrer Beute wahr; Klapperschlangen haben einen Wärmesinn; Webspinnen erkennen durch einen Schwingungssinn die kleinsten Bewegungen in ihren Netzen.

Alle diese Sinne haben eine Verankerung im Biologischen und sind nichts Übernatürliches. So konnten Wissenschaftler von der Washington Universität in St. Louis (USA) mittels kernspintomografischen Untersuchungen nachweisen, dass eine bestimmte Hirnregion, der Anterior Cingulate Cortex, ein

Frühwarnsystem darstellt, das bei drohender Gefahr einer Fehlentscheidung aktiv wird.

Wenn bei drohender Gefahr von Fehlentscheidungen das Frühwarnsystem im Gehirn bei Managern aktiviert wird, warum kam es dann zur Finanzkrise?

Denkbare Antworten sind beispielsweise:

1. Verschiedene Manager haben ihre Entscheidungen nicht als drohende Gefahr gesehen.

2. Das Frühwarnsystem mancher Manager hat nicht funktioniert oder wurde bewusst „außer Kraft" gesetzt.

3. Das Frühwarnsystem im Gehirn mancher Manager war einfach nicht vorhanden.

4. Das Gehirn verschiedener Manager war nicht ...

Zudem fanden die Wissenschaftler heraus, dass offensichtlich dieses Frühwarnsystem, das in der Nähe des Frontallappens liegt, Umgebungssignale empfängt. Diese Signale werden dann unverzüglich auf potenzielle Gefahren hin analysiert. Sollte eine Situation also als „gefährlich" interpretiert werden, schlägt es sofort Alarm. Der Mensch hat jetzt die Möglichkeit, eine Änderung seines momentanen Verhaltens einzuleiten. Menschen, die auf diese Weise rechtzeitig einer Gefahrensituation entronnen sind, führen dies dann gerne auf ihren „sechsten Sinn" zurück.

Sie hatten sicherlich schon einmal zwischen zwei Entscheidungen zu wählen. Die Wahl zwischen einer A- und einer B-Variante.

Oftmals stellt sich dann im Nachhinein heraus, dass der erste Eindruck unbewusst der Richtige war.

Tom Cruise hat in dem Film: „Minority Report" auch den sechsten Sinn: Er verfügt über einen digitalen, sechsten Sinn, der eine hürdenlose Verbindung zu Datenbanken herstellt. Wie schön wäre es, wenn manche Manager diesen digitalen sechsten Sinn auch schon hätten. So manche Fehlentscheidung, so manche Betriebsschließung, so manche Krise, wären uns dann erspart geblieben.

Was bislang in den Filmen noch als Zukunftsmusik galt, könnte bald Realität werden.

Studenten der Universität Massachusetts Institute of Technology haben ein tragbares Computersystem entwickelt, welches Oberflächen in interaktive Displays verwandelt. Dieses Computersystem kann uns sensitiv mit Informationen aus dem Internet oder virtuellen Gadgets versorgen.

Das Computersystem basiert auf einer handelsüblichen Webcam und einem 3M Projektor, an den ein Spiegel montiert ist. Beides ist an ein internetfähiges Mobiltelefon angeschlossen. Der Prototyp soll lediglich 350 US-Dollar kosten und erlaubt dem Nutzer, Daten vom dem Handy auf jegliche Oberfläche zu projizieren und durch Gesten zu interagieren: auf Wände, Produkte, Körper oder auf die eigene Hand.

Weiter verweisen Studien jedoch auch auf die Existenz eines anatomisch nachweisbaren, weiteren Sinnesorganes beim Menschen hin, dem Vomeronasalorgan. Dies ist ein winziger, mit Rezeptoren gespickter Gang, der in die Nasenschleimhaut mündet. Er ermöglicht die Aufnahme von Pheromonen. Die Andockung der Botenstoffe hat eventuell direkte emotionale Reaktionen wie Geborgenheit, Abwehr oder sexuelle Erregung beim Empfänger zur Folge. Überlegen Sie nun einfach mal, warum Sie ihren Chef nicht aber dafür die neue Kollegin riechen können. Gibt es da vielleicht noch einen siebten Sinn?

Früher gab es einmal eine Fernsehsendung zur Verkehrssicherheit. Sie hatte den Titel "Der 7. Sinn" und wurde von 1966 bis 2005 ausgestrahlt. Als Zielgruppe wurden erwachsene Verkehrsteilnehmer angesprochen, die ihr Metier Autofahren beherrschten. Vielen ist heute noch die Titelmusik im Ohr.

Oder denken Sie an Herbert Grönemeyer, der den siebten Sinn in sein Musikrepertoire aufgenommen hat:

„Ich bin dein siebter Sinn, dein doppelter Boden, dein zweites Gesicht."

Sinnvolles Handeln

Etwas Sinnvolles tun. Dem eigenen Leben eine Richtung und einen Sinn geben, nicht nur im Privaten, sondern auch im Beruf. Sinnvoll führen zu wollen, ist ein ehrgeiziges und wertvolles Ziel. Mit diesen Ansprüchen an die ganz persönliche Lebensgestaltung zeigen Menschen ihre Bereitschaft, ihrem Wesen und Werten entsprechend zu handeln. Wer in seinem Leben eine sinnvolle und sinnfördernde Kraft entwickelt, setzt bejahende und gestaltende Akzente. Wer sinnerfüllend lebt, arbeitet, führt und verwirklicht seine Werte. Leider haben viele Manager keine sinnerfüllende Einstellung. Sie sind einfach ausführende Angestellte, ohne Vision und ohne innere eigene Werte. Ihre Werte werden von den Geldgebern und Shareholdern bestimmt.

Den Sinn im eigenen Leben zu entdecken, klingt für viele Menschen trivial und ist für manche Menschen doch so schwer zu erreichen.

Ein Manager, der langfristig gesund und leistungsfähig bleiben will, achtet die Werte in seinem Umfeld. Er setzt sein Sinnsystem ein und gestaltet somit seine Umgebung aktiv und bejahend mit. Dieses hat Konsequenzen für die Kulturentwicklung. Dies wirkt sich auf alles aus: auf die Führung, auf die Teamentwicklung oder auch auf die Unternehmens- oder Netzwerkkulturen. Natürlich wird davon auch das Privatleben berührt. Solch ein Manager arbeitet dauerhaft daran, seinem Handeln einen Sinn zu verleihen. Um Sinnvereinbarungen mit anderen Menschen treffen zu können, ist es wichtig, zuvor das eigene Fundament zu gießen. Dieses Fundament sind die eigenen Werte. Auch hierzu gibt es ein einfaches Beispiel: Wer schon einmal ein Haus gekauft oder ein Haus gebaut hat, weiß, dass es nicht ohne eine Bodenplatte, also ein Fundament, funktioniert. Niemand von Ihnen würde je ein Haus ohne Fundament kaufen oder gar bauen. Dieses Fundament bringt Sicherheit für alle anderen Stockwerke, Räume und Installationen. Wieso nehmen wir dieses Wissen nicht mit ins tagtägliche Management?

Individuelle Sinn- und Wertesysteme

Unterschiedliche Menschen haben unterschiedliche Werte im Leben. Unser Wertesystem ist eng verbunden mit unserer Sozialisation: „Der eine lebt, um zu arbeiten – der andere arbeitet, um zu leben". Auch Ghandi sagte: „ Wir essen um zu leben und leben nicht, um zu essen". Wer macht es richtig?

Eine gute Führungskraft achtet auf die Andersartigkeit und Verschiedenheit der Menschen. Damit achtet sie gleichzeitig die verschiedenen Wertvorstellungen. Die subjektive Gestaltung dessen, was Sinn im Leben bedeutet, welche Werte im Leben gelebt werden sollen und was auf dieser Basis mit anderen Menschen geteilt werden kann, ändert sich von Mensch zu Mensch, von Situation zu Situation, von Lebensphase zu Lebensphase.

Eine erfolgreiche Führungskraft versteht daher unter dem Sinn- und Wertesystem gemeinschaftlichen Lebens die größtmögliche Entfaltung und Vervollkommnung der eigenen Werte im größtmöglichen Einklang mit dem jeweiligen Umfeld.

Verwirklichung und Eigenverantwortung

Sinn zu erleben, ist nur möglich durch die Verwirklichung von individuellen Werten, so Viktor Frankl, österreichischer Neurologe und Psychiater. Werte haben nicht den Charakter von Normen, sondern entsprechen eher Orientierungshilfen.

Der Performer bleibt immer in der Verantwortung für die eigene Sinnerfüllung durch die Verwirklichung seiner Werte. Er bleibt immer in Verantwortung für sein Tun und Handeln und schiebt niemals ein fehlerhaftes Verhalten oder eine Fehlentscheidung einer dritten Person (Partner, Kollege oder Mitarbeiter) in die Schuhe.

Der Umgang mit Fehlentscheidungen

Auch ein Performer ist nicht vor Fehlern gefeit, hat aber gelernt zu ihnen zu stehen, wenn sie auftreten. Er hat gelernt, sich und seinen Entscheidungen zu vertrauen. Das bringt ihm Respekt ein. Mit seinem Gewissen hat er zu vereinbaren, welchen „Wert" er in der jeweiligen Situation zu realisieren hat. Aus dieser individuellen und situativen Wertsetzung, die für jeden Augenblick im Leben aufs Neue zu entscheiden ist, entsteht der aktuelle Sinn, sein sechster Sinn.

Wertekategorien

Werteverwirklichungsmöglichkeiten können sich ändern oder durch gravierende Umstände zerstört werden. Daher konzentriert sich ein guter Performer nie auf die Verwirklichung eines einzigen Wertes. Er schafft sich verschiedene Wertekategorien. Diese begleiten ihn während der Arbeit sowie im privaten oder auch im sozialen Umfeld.

Albert Einstein sagte einst:

„Wer sein eigenes Leben als sinnlos empfindet, der ist nicht nur unglücklich, sondern kaum auch lebensfähig."

Unechte Werte

Die moderne Zeit bietet eine Vielzahl von Werteverwirkli-
chungsangeboten. Nicht alle sind sinnvoll. Manche Werte haben zur Folge, dass ehemals stabile Wert- und Deutungssyste-
me wie die Familie, nationale Identitäten oder Glaubenssätze
vernachlässigt werden. Gesteuert wird diese Vernachlässigung
von Profit-Organisationen. Die Menschen werden zum Konsum
des besten Augenblicks verführt. Kurzfristiges Glücksgefühl ist
das Resultat, es wirkt wie eine Droge, von welcher der Mensch
in immer kürzeren Zeitabständen eine immer stärkere Dosis
braucht, bis hin zum ultimativen Exitus. Die Folge ist meist Ent-
fremdung und Unverbindlichkeit. Manager spüren dann in der
eigenen Belegschaft falschen Opportunismus und schwächeln-
de Loyalitäten.

Dieser „stabile Pragmatismus" ist kennzeichnend für die
Glücksindustrie, egal ob es um Alkohol, Nikotin, Geld oder
Macht geht. Die Glückindustrie bringt die Menschen in eine
Suchtflucht. Eine reife Führungskraft bemerkt auf der Suche
nach Sinnerfüllung, dass die sogenannten Glücks- und Heils-
bringer keine Änderung bewirken. Sinn und Werte können in
der Sucht nicht erzeugt, gelebt und gegeben werden.

Sinnvolle Auswahl von Werten

Sinnerfüllung heißt im Arbeitsumfeld des Performers, dass
Führungskräfte zur aktiven Lebens- und Arbeitslebenbewälti-
gung einen Sinnsuchprozess gestalten. Am Ende dieses Prozes-
ses muss ein Werk entstehen, in dem eine gute Tat gelebt oder

ein befreiendes Erlebnis Tag für Tag gefunden wird. Die Sinnsuche und Sinnerfüllung des Performer wird somit zum Kern eines erfüllten Lebens, beruflich und privat.

Die Sinnsuche und Sinnerfüllung führen daher bei Nichtbeachtung in kritischer Situation zu massiven systemischen Konflikten. Man handelt dann widerwillig, also gegen den Willen und hat auf jeden Fall, ein ungutes Gefühl im Magen.

Nun muss die sinnvolle Wertewahl im Vordergrund der Überlegungen stehen. Diese dient dem Performer zur Stabilisierung der Konflikt- und Krisenintervention. Sie ermöglicht neue Denkweisen und Handlungsoptionen.

Werte gegen Sinnkrisen

Der Performer kann auf diese Weise eine Sinnkrise vorbeugen oder ihr entgegenwirken. Eine Sinnkrise definieren wir in diesem Zusammenhang folgendermaßen: Ein Mensch steht vor einer Lebensaufgabe, die er noch nicht kennt und von der er aber weiß, dass sie gemeistert werden muss. Es fehlen ihm noch die entsprechenden Werte, um diese Aufgaben zu erfüllen. Es kommt zu einer Stressreaktion. Es ist wissenschaftlich bewiesen, dass unter Stress die Denkfähigkeit des Menschen um bis zu 40 Prozent reduziert ist. Also muss der Mensch mit weniger Denkleistung seine Werte neu definieren. Ein Teufelskreislauf, der ohne externe Hilfe nicht unterbrochen werden kann.

Mittlerweile hat die Diskussion über Wertewandel, Werteverfall und Destabilisierung eine breite Öffentlichkeit erreicht. Vielerorts wird offen über Orientierungsverlust und Sinnkrise gesprochen - eine Dimension, die zum Handeln aufruft. Überall gehen Manager zurzeit in Klöster, beginnen zu meditieren, um ihren Sinn wieder zu entdecken. Warum steigen hoch bezahlte Führungskräfte aus und segeln nun seit Jahren auf einem kleinen Segelschiff um die Welt?

Mehr denn je, so zeigt die aktuelle Führungskräftebefragung 2009 der Deutschen Wertekommission, ist die Gesellschaft des neuen Jahrtausends auf der Suche nach Sinn und Werten. Anders als in der 68er-Bewegung, als viele Aussteiger den Traditionen der Wirtschaftswundergeneration gegenüber auf Konfrontationskurs gingen und anders als Ende der Achtzigerjahre, als die „neuen Individualisten" Abstand zu den konsumorientierten Firmen suchten.

Werte-Schachmatt

Heute haben sich Globalisierung, Liberalisierung, technische Progressivität und Kapitalmarktmacht durchgesetzt. Mit all ihren Stärken und Anfälligkeiten. Die Firmen und Organisationen konzentrieren sich auf ihre Kernkompetenzen, auf die Enthierarchisierung sowie auf die Vernetzung und Konsolidierungsstrategien - wobei nicht alle Konsolidierungen sinnvoll und erfolgreich ablaufen. Leider scheitert heute immer noch jede zweite Konsolidierung.

Spannungen und Konflikte

Da Arbeit immer mehr zum sozialen Status wird, haben sich die Menschen angepasst, so gut sie konnten. Mit enormer Flexibilität und dem Wunsch nach Freiheit und Unabhängigkeit. Die Veränderung der Bevölkerungsstruktur trägt ihren Anteil dazu bei. In Europa gibt es einerseits eine immer älter werdende Bevölkerung und anderseits eine zunehmende Europäisierung bzw. Globalisierung der Gesellschaft. Dieser Jugendnotstand und der damit einhergehende aussterbende Wissensreichtum führt in wenigen Jahren zum Führungsnachwuchsnotstand. Schon jetzt gehen Experten davon aus, dass in fünf Jahren drei bis fünf Millionen Facharbeitskräfte in Deutschland fehlen werden, trotz steigender Arbeitslosenzahlen. Diese wird zwangsläufig zur „Reanimierung" der älteren Kompetenzträger führen, die größtenteils noch werteorientiert erzogen wurden. Sie werden auf eine Kindes- und Nachwuchsgeneration treffen, deren Problem immer häufiger darin bestehen wird, dass sie keinen Bezug zum Wert elterlicher Erziehung hat. Spannungen und Konflikte sind bereits vorprogrammiert. Lothar Späth bemerkte einmal:

„Wer den Change nicht schafft, den schafft der Change".

Ein weiser Performer

...sagte einmal, dass die wesentliche Konstante in unserem Leben, die Veränderung ist. Er unterstützt Menschen in ihrer Werteentwicklung und hilft ihnen, die steten Veränderungen mit eigenen Fixpunkten zur Lebensnavigation wieder zu entdecken. Auf dieser Basis wird er der künftigen arbeitenden Generation, egal ob Führungskraft, Angestellter oder Arbeiter zur Seite stehen. Er wird ihnen helfen, eigene Werte zu entwickeln und mit den eigenen Werten sinnvoll zu arbeiten. Die Erfahrung eines guten Performers ist bereichernd, tiefgründig und wird für die Persönlichkeitsentwicklung jedes Einzelnen bereichernd sein.

In Gesprächen mit Führungskräften trifft der Performer oftmals auf einen Zielfokus, entsprechende Zielvereinbarungen und Siegeswillen. Was zu tun ist, wird meistens nicht in Frage gestellt.. Doch warum, wie und von wem ist es zu tun? ist. Es ist wichtig zu fragen, wie etwas getan wird und dann die Antwort zu geben.. Sehr gut haben das unsere fernöstliche Kollegen verinnerlicht. Mit dem HoQ, dem House of Quality haben die Japaner bereits in den Achtzigerjahren eine Qualitätsmethode entwickelt, die das „Was zum Wie" bestens beschreibt. Uralte übermittelte Tradition, gepaart mit Fleiß und Siegeswillen, hat die japanische Industrie in den Achtziger- und Neunzigerjahren in vielen Bereichen in Führung gebracht. Doch was macht unsere Regierung? Sie verkauft hochwertige Technologie und Ideenreichtum zu einem Spotpreis nach Fernost. Bestes Beispiel ist der Transrapid. Ein absolutes Meisterstück aus Innovation, Ideenreichtum und deutscher Ingenieurskunst. Wahrscheinlich das letzte Stück „Made in Germany", welches Deutschland zurzeit zu bieten hatte. Es ist ein unglaublich tolles Gefühl, mit über 400 km pro Stunde über die Schienen zu schweben. Wahrscheinlich werden deutsche Manager eine überarbeitete und verbesserte Variante des Transrapids in ein paar Jahren zu einem erheblich teureren Preis von den Chinesen zurückkaufen. Nur eine Vermutung. Wir sind gespannt!

Der zunehmende Kostendruck auf dem globalen Markt wird zu weiteren Kurzfristplanungen und Entscheidungsschnelligkeit führen. Immer mehr Arbeit muss von immer weniger Menschen vollbracht werden. Damit gerät auch das Wertesystem weiter ins Wanken und muss korrigiert und angepasst werden. Dauerhafter Stress entsteht. Die Folge sind Fluchtverhaltensweisen: von Loyalitätsverlust bis hin zu Resignationen, Sabotagen aller Art, Liebes- und Wissensentzug oder auch Krankheiten.

Unsicherheiten in der Zukunftsplanung und fehlende berufliche Entwicklungsmöglichkeiten behindern natürliche Statusmotivationen und damit den Aufbau kreativer, innovativer und emotionaler Intelligenz. Der Grat, auf dem Manager heute wandern, ist schmal. Der Zuzug ausländischer Kompetenzträger fordert den Einzelnen im Ausbau seiner interkulturellen Fähigkeiten. Angst wird sich ausbreiten, dass die eigenen Arbeitskraft obsolet wird, weil der Wissenstransfer ins und aus dem Ausland zunimmt.

Ängste vor einer möglichen persönlichen und betrieblichen Insolvenz bei unklarer Unternehmensentwicklung und damit verbundenen unabsehbaren Abhängigkeiten schüren zurückhaltende Investitionen. Es entsteht Neid gegenüber denen, die „Glück haben" und eine überdurchschnittliche finanzielle und persönliche Performance erzielen. Ist Ihnen auch schon aufgefallen, dass meist nur die anderen Glück und Erfolg haben?

Performer, Menschen, die einen gesunden und sinnvollen Leistungswillen in sich tragen, braucht es in Zukunft mehr und mehr. Der Wille zum individuellen Sieg, verbunden mit dem Willen zum gemeinschaftlichen Gewinn beizutragen, muss angeregt werden. Dem Performer ist klar, dass individuelle sinnvolle und wertebezogene Zielvereinbarungen erarbeitet und umgesetzt werden müssen. Doch wie soll das in vielen Unternehmen durchgeführt werden?. Die Managerelite wird mehr und mehr unpersönlicher. Das Erleben, Spüren, Fühlen von Vorbildern und gesprächsbereiten und kraftvollen Managerpersönlichkeiten wird immer weniger präsent. Es wird dagegen heute immer leichter, die sogenannten Wirtschaftsgrößen im Fernsehen oder gar vor Gericht zu sehen. Doch dies ist leider oft nur in Zusammenhang mit negativen Geschichten der Fall. Wie soll hierbei den Mitarbeiterinnen und Mitarbeitern ein Gefühl von Stabilität vermittelt werden? Wo bleibt hier das Fundament?

Aber es bringt nicht weiter, diesen Umstand zu beklagen. Es kommt auf die Sensibilität, auf die definierten und gelebten Werte des Einzelnen an. Wichtig ist hierbei auch der Wunsch nach persönlichem Wachstum. Wie heißt es doch so schön:

„Jeder ist seines Glückes Schmied."

Performer erzielen Leistung durch ein vorbildliches Sinnverständnis oder durch eine souveräne Führung mit Sinn und Werten. Gerade wenn es um Höchstleistungen geht, versagen jedoch leider die herkömmlichen Führungsstile. Die hierarchische Führung stößt schnell an Grenzen. Wirklich erfolgreiche Performer besinnen sich auf Nachhaltigkeit und springen nicht von einer Management-methode zur anderen.

Nachhaltigkeit war, nebenbei gesagt, die Kernbotschaft der Weihnachtsansprache 2009 von unserem ehemaligen Bundespräsidenten Horst Köhler.

Die aktuellen Entwicklungen der Weltwirtschaftskrise rütteln wach und machen deutlich, dass ein „Weiter so wie bisher" nicht zu einer humanen und wirtschaftlich erfolgreichen Zukunft führen wird. Ein guter Performer erkennt das große Bedürfnis nach Sinnorientierung im Menschen. Manager die dieses nicht erkennen und fördern, leiten ihr Unternehmen krankhaft, kraftlos und sinnlos in den Ruin.

Der Mensch in seiner ganzheitlichen Kompetenz, mit seiner Ausrichtung auf Sinn- und Werteorientierung, wird zum entscheidenden Werttreiber innovativer, erfolgreicher Unternehmen. Ein gesundes Unternehmen braucht gesunde Mitarbeiter. Gute Führungskräfte sind an der Gesundheit ihrer Mitarbeiter interessiert und fördern sie. Nur, wenn die Mitarbeiter erfolgreich sind, wird die Abteilung oder das Unternehmen erfolgreich sein. Leider haben es viele Manager noch nicht verstanden und arbeiten ausschließlich nur für ihren eigenen Erfolg, also denken nur kurzfristig.

Unternehmen brauchen daher eine klare geistige Neuorientierung oder auch Vision von Führung auf der Basis von Sinnorientierung und Werte, die Demotivation, Burnout, Orientierungslosigkeit, und den wachsenden Kämpfen am Arbeitsplatz, einen Riegel vorschiebt.

Das sinn- und werteorientierte Führungskonzept schlägt die Brücke zwischen dem Menschen in seiner ganzheitlichen Kompetenz, der ökonomischen Effizienz sowie Effektivität. Das ist die Basis für nachhaltigen Erfolg.

Um diese Basis zu schaffen lebt der Performer nach folgenden Grundsätzen:

▶ Er respektiert alle Menschenbilder und ihre Auswirkung.
▶ Er ermöglicht ein sinnvolle und erfolgreiche Geisteshaltung.
▶ Er fördert die Sinnfindung durch Werteverwirklichung.
▶ Er begeistert Kunden und Mitarbeiter durch authentische Begegnungen und er garantiert die Entwicklung der persönlichen Potenziale bei Führungskräften und Mitarbeitern.

Leistung entspringt einer Geisteshaltung, die sich an Sinn orientiert. Wer an etwas Sinnlosem arbeitet ,wird nie seine Leistung erbringen. Dagegen spornt uns eine sinnvolle Aufgabe an. Unser Denken kann neue Möglichkeiten kreieren, was zu veränderten Rahmenbedingungen führt. Diese wiederum führen zu veränderten Verhaltensweisen im Hinblick auf die Situationen im Alltag. Das Rad beginnt sich wieder von Neuem zu drehen, immer wieder, immer öfter, immer schneller. Daher braucht eine Führungskraft ein umfassendes Wissen über die Menschen generell, darüber wie sie denken und welche psychologischen und ideologischen Hintergründe hinter dem Verhalten stecken. Ein wirksamer Performer stellt sich daher permanent folgende Fragen:

► Welche Werte streben in mir selbst nach Verwirklichung?
► Wie kann ich persönliche Zufriedenheit finden?
► Wie kann ich mehr Zeit für mich gewinnen?
► Wie kann ich meine Mitarbeiter zu Höchstleistungen führen?
► Wie kann ich in meinem Unternehmen eine Atmosphäre schaffen, in der alle Kunden, Mitarbeiter Gäste, und Partner sich wohl fühlen und engagiert agieren?

Künftig werden die Führungs- und die Lebensqualität davon abhängen, was die Führungskräfte vorleben und wie es um ihre Fähigkeit einer effizienten Selbstführung bestellt ist.. Eine sinnorientierte Führung wird eine nachhaltige und langfristige Wertsteigerung von Unternehmungen gewährleisten.

Leisten heißt etwas erbringen, sich einbringen auch fordern. Es wird etwas Sinn- und Wertvolles angestrebt. Es geht um Sinnerfüllung und gelebte Werte.

Der Performer hat das schon lange erkannt. Er ermöglicht eine stärkenorientierte Entwicklung des Führungspotenzials, eine loyale und motivierende Entwicklung des Mitarbeiterpotenzials und eine authentische Dienstleistungskultur für die zu begeisternden Kunden. Er zeigt auf, wie Führung unter Integration von Sinn- und Werteorientierung die Qualität und die Art und Weise des Umgangs miteinander verbessert. Eine verbesserte Qualität erhöht zwangsläufig den Kundennutzen und die Rendite. Die Arbeits- und Lebensqualität aller Unternehmensmitglieder wird verbessert. Die Arbeit macht wieder Sinn, Spaß und Freude. Die Wertsteigerung der Unternehmung ist nachhaltig gesichert.

Der Performer schafft durch sein Vorbild und durch sein persönliches Verhalten die entscheidenden Bedingungen für selbstgesteuertes, selbstverantwortliches Verhalten der Mitarbeiter in einer Atmosphäre von Offenheit, Vertrauen und Sinnhaftigkeit. Wachstumspotenziale der Führenden und Mitarbeiter werden erkannt und gefördert.

Der Faktor Mensch wird künftig in einem Unternehmen der Erfolgsfaktor sein. Dieses ändert sich auch nicht dadurch, dass Veränderungen in der Arbeitswelt eine Vielzahl von Menschen derart konditioniert, dass sie sich ungebraucht, wertlos und sinnentleert fühlen. Es ist vollkommen falsch, dieses Empfinden zu bagatellisieren. Vielmehr muss der Sinn und der Wertgehalt dessen, was wir Arbeit nennen, im Einklang mit der gesellschaftlichen und ökonomischen Entwicklung angepasst werden. Natürlich ist ein Mensch nicht frei von Bedingtheiten. Es steht ihm aber immer frei, Stellung zu beziehen, ohne Angst haben zu müssen. Der Performer fordert deshalb sogar Stellungsnahmen von seinen Mitarbeitern. Egal wie kritisch sie sind. Denn nur, wenn die Menschen auf einen Missstand aufmerksam machen, egal ob positiv oder negativ, kann dieser Umstand korrigiert oder beseitigt werden. Innerhalb seiner Organisation hilft der Performer durch seine Führung, Werte zu entwickeln und ermöglicht dadurch dem Mitarbeiter den Raum für Eigenverantwortung und Selbstverwirklichung. Ein Instrument kann hierbei ein Sinnvereinbarungsgespräch sein.

Der Performer konzentriert sich daher auf eine sinnvolle und wertedifferenzierte Führung. Er weiß, dass eine zielgerichtete Steuerung, Innovation und Kreativität ohne die Leistung von Menschen im Unternehmen nicht denkbar ist. Die Arbeitsleistung jedes Menschen hängt dabei in großem Maße davon ab, wie der Mensch zu seiner Arbeit steht und ob er in dem, was er tut, einen persönlichen Sinn findet. Den Sinn finden kann der Mensch dabei nur, wenn er seine Werte verwirklicht. Diese Werte müssen im Sinnvereinbarungsgespräch zwischen der Führungskraft und dem Mitarbeiter angesprochen, am besten sogar niedergeschrieben werden. Die weitere Vereinbarung von Zielen wird danach auf diese Weise durch eine Vereinbarung des Sinns und der Werte untermauert. Geschieht dies nicht, bleiben Ziele in einem unklaren Sinn- und Werteraum; die Zielerreichung unterliegt dann einer ungezügelten Willkür. In dem Fall werden die vereinbarten Ziele im Laufe des Arbeitsprozesses anderen sinnvoller erscheinenden Themen mit mehr oder weniger unterschiedlichen Prioritäten gegenübergestellt. Somit ist das zu erreichende Ziel in Gefahr. Der Performer achtet darauf, dass Change Management sich nicht zum Sinn- und Wertekiller entfaltet. Denn er weiß ja, dass nichts so beständig ist wie der Wechsel.

Das Wertesystem eines Unternehmens und die Wertesysteme seiner Repräsentanten, der Führungskräfte, müssen Visionen und Strategien zur Sinn- und Werteverwirklichung finden. Die gelebte Vorbildfunktion der Führungskräfte repräsentiert dabei die Glaubwürdigkeit ihres Wertesystems. Führungskräfte müssen sich als Interpreten eines übergeordneten Wertesystems verstehen. Nur so können Mitarbeiter das, was in Unternehmen durch Veränderung entwickelt werden soll, akzeptieren. Oder wollen Sie als Führungskraft, dass eine Veränderung lediglich als ideologische Führungsdoktrin betrachtet wird?

Unglaubhaft wird die Führungskraft hingegen, wenn sie sich nur nach ihrem eigenen Wertesystem richtet und erwartet, dass dieses befolgt wird. Dies kommt leider tagtäglich vor..

Sind dagegen die Entscheidungen und Handlungen von Führungskräften für den Mitarbeiter wahrnehmbar und nachvollziehbar, also aus der Sicht des Mitarbeiters sinnvoll, und stehen diese Entscheidungen im Einklang mit den unternehmerischen und sinnvereinbarten Werten der Mitarbeiter, dann helfen die Mitarbeiter den Führungskräften, wo sie nur können. Die Motivation und die Arbeitsproduktivität steigen.

Die Entwicklung von sinnvollen und nachvollziehbaren Entscheidungen ist daher eine besondere Eigenschaft des Performers. Sein eigenes Sinn- und Wertesystem muss klar sein!

Das Wertesystem des Performer kann nur dann gehaltvoll und nachhaltig wirken, wenn die Mitglieder des Unternehmens dieses nicht mit Zwang verbinden, sondern ihm mit einem Gefühl der Selbstverpflichtung nachkommen. Es kann nur dann sinnvoll sein, wenn es als allgemein akzeptierter Maßstab für Verhalten und Entscheidungen der Organisationsmitglieder angenommen wird. Werte und Normen müssen daher begründbar sein. Stehen die Normen in keinem Bezug zu den Werten, so verlieren diese ihren Wert und werden von den Mitarbeitern nur schwer akzeptiert.

Allen Organisationsmitgliedern im Umfeld des Performers muss deutlich sein, welche Werte aus welchen Gründen wesentlich sind und was diese implizieren. Werte gelten folglich nur in dem Maße, in dem die Organisationsmitglieder von der Begründbarkeit und der Sinnhaftigkeit dieser Werte überzeugt sind.

Muss sich die Unternehmenskultur Veränderungen anpassen (z.B. durch Eröffnung internationaler Märkte, aber auch Fusionen mit anderen Unternehmen), so sollte dies schnellstens mit einem Re-Design des Wertesystems ansetzen. Dabei gilt, dass einmal als wesentlich erachtete Werte im Zuge dieser Veränderungen nicht einfach aufgegeben werden dürfen. Um die Glaubwürdigkeit und Sinnhaftigkeit aufrechtzuerhalten, sollte vielmehr versucht werden, Werte neu zu interpretieren. Inhaltlich vollständig neue Werte sollten dem bisher bestehenden Wertesystem hinzugefügt und verknüpft werden. Es bringt wenig, Werte einfach auszutauschen.

Jede Führungskraft und noch besser jeder Mitarbeiter sollte die Möglichkeit erhalten, das eigene Wertesystem zu analysieren und es in den Bezug zu anderen Wertesystemen zu stellen. Sinnvereinbarungsgespräche auf der bilateralen Ebene sind die Grundlage für die Ausgestaltung einer lebendigen wertebasierten Führungskultur.

Ist eine umfassende Übereinstimmung zwischen den Wertesystemen (eigene Werte und die Werte meines Lebenspartners, meines Unternehmens, meiner Mitarbeiter, meiner Freunde, etc.) gegeben, dann sprechen wir vom Sinnsystem.

In einem Sinnsystem ist es sinnvoll, mit einem Menschen langfristig zusammenzuarbeiten. Auch ist es sinnvoll, in einem Unternehmen mehre Jahre zu bleiben. Sinnstiftung heißt also, Wertesysteme (und zuerst eben das eigene) zu erkennen, sie zu reflektieren und abzugleichen, die Basis des gemeinsamen Sinns zu erfassen und Sinnvereinbarungen zu treffen. Da Werte entwickelt werden können, ist auch Sinn entwicklungsfähig. Diese Arbeit kann also jederzeit begonnen werden.

Die Arbeit mit Werten darf Spaß machen.

Lieber arbeiten wir mit Freude an etwas Sinnvollem als mit Frustration an etwas Sinnlosem.

E WIE EMPOWERMENT

Haben Sie schon mal an einem Tag mehr erledigt als sonst in einer ganzen Woche? Oftmals gelingt uns so etwas vor dem lang ersehnten Urlaub. Doch bevor es endlich losgeht, müssen noch Tausend Dinge erledigt werden und das scheinbar Unmögliche wird plötzlich möglich.

Stellen Sie sich doch mal als Vorgesetzter die Frage, was man persönlich bzw. eine Firma alles erreichen könnte, wenn man dieses Potenzial, das in jedem von uns steckt, regelmäßig und dauerhaft nutzen könnte. Der übergeordnete Begriff für dieses Thema lautet „Empowerment". Mit Bezug auf das Personalwesen bedeutet Empowerment so viel wie „Steigerung der Mitarbeitermotivation durch die Übertragung von mehr Verantwortung und Macht, damit sie selbst Besitz von ihrem Arbeitsplatz ergreifen können". Im Bereich der Sonderpädagogik wird diese Art mit Menschen umzugehen als „Hilfe zur Selbsthilfe" schon seit Langem praktiziert und ist heutzutage nicht mehr wegzudenken.

Empowerment oder „Befähigung" ist kein neues Managementtool oder eine neue Methodik. Empowerment beruht letztendlich auf dem menschlichen Verhalten in Organisationsstrukturen, Wissen auf natürliche Weise weiterzugeben und auf kontinuierlicher Weiterbildung bzw. der Qualifikation der Mitarbeiter.

Dieses Kapitel zeigt Ihnen - veranschaulicht durch Erfahrungen, Beispiele und Anregungen aus der Praxis - einen Weg zu mehr Performance.

Management gestern und heute

Ach, wie schön war doch die Zeit, als man als Manager wirklich noch managen konnte! Anfallende Aufgaben wurden an die Mitarbeiter delegiert und man hatte sogar noch Zeit, sich hier und da mit den Angestellten zu unterhalten und vor allem an der zukünftigen strategischen Ausrichtung der Firma mitzuarbeiten.

Doch was ist aus der einstmaligen Prestigeposition Manager geworden? Aufgrund von zunehmendem Leistungsdruck und permanenten Umstrukturierungen wurden nicht nur immer flachere Hierarchien geschaffen, sondern auch jede Menge Mitarbeiter auf allen Ebenen entlassen. Nun muss beispielsweise die gleiche Menge an Arbeit von weniger Mitarbeitern erledigt werden. Heute sind einem „Manager" im Durchschnitt zwei- bis dreimal mehr Mitarbeiter zugeordnet als noch vor rund 20 Jahren. Es gibt aufgrund der immer flacheren Hierarchien immer weniger Managerposten. Die Manager versuchen deshalb ihre Positionen mit allen Mitteln zu halten. Sie vermeiden es, anzuecken. Sie handeln vorwiegend angepasst und machen nur das, was von ihnen verlangt wird. Anders ausgedrückt: Sie machen Dienst nach Vorschrift. Dies gilt nicht nur für Manager, sondern für jeden Arbeiter bzw. Angestellten, der seinen Job nicht verlieren will.

Es gibt aber auch immer wieder Firmen, die aus dem beschriebenen Schema ausbrechen und dadurch weit überdurchschnittliche Leistungen vollbringen. Längst hat man herausgefunden, dass dies nicht alleine durch den reinen Einsatz von Maschinen und einer immer schlanker werdenden Organisation zu erreichen ist. Vielmehr kommt es auf den richtigen Einsatz der Stärken aller Mitarbeiter an. Zudem muss die Organisation entsprechend ausgerichtet sein. Wichtig ist es, ein angstfreies Arbeitsklima zu schaffen, in dem sich das Potenzial der Mitarbeiter entfalten kann. Es gehört Mut und Vertrauen dazu, eigene Ideen einzubringen und umzusetzen.

Mitarbeiter, das ungenutzte Potenzial

In einer Firma für Kältetechnik nahm sich der Unternehmensinhaber Zeit, um einen Praktikanten durch die ganze Firma zu führen. Während sie so durch alle Abteilungen gingen, fiel dem Praktikanten auf, dass der Unternehmensinhaber nicht nur alle 200 Mitarbeiter beim Namen kannte, sondern auch um den Verantwortungsbereich jedes Einzelnen wusste, ja sogar genau informiert war, woran dieser Einzelne im Moment gerade arbeitete.

Im Laufe der Zeit bemerkte der Praktikant einen älteren Mitarbeiter, der Probleme beim Laufen hatte und auch sonst den Eindruck machte, dass er nicht gerade zu den Leistungsträgern dieser Firma gehörte. Er machte Botengänge, fegte die Flure oder trug irgendetwas von hier nach dort. Als der Praktikant den Unternehmensinhaber auf diese Person ansprach und auf dessen Mehrwert für die Firma (ganz im Sinne eines Managers), war dessen Erklärung kurz und einleuchtend.

„Dieser Mann hat viele Jahre hart für diese Firma gearbeitet und so ist es nur fair, wenn ich ihn auch noch heute beschäftige. Auch die anderen Mitarbeiter sehen, dass ich mich um meine Leute kümmere. Im Gegenzug kümmern sie sich um unsere Firma. Das Wissen dieser Mitarbeiter ist wertvoll. Wie würden Sie sich fühlen, wenn Sie nach jahrelanger Arbeit vor die Tür gesetzt würden?"

Diese kurze, aber wahre Geschichte spiegelt wider, was für ein Potenzial im richtigen Umgang mit Mitarbeitern steckt. Die beschriebene Firma war überdurchschnittlich erfolgreich. Sie hatte auch die langfristige Planung im Blick.

Wie aber läuft es denn in den heutigen Durchschnitts-Firmen meistens ab? Dort sitzen oftmals Mitarbeiter, die zwar Leistung bringen könnten, die aber, aus Angst etwas falsch zu machen und somit gefeuert zu werden, den sicheren Dienst nach Vorschrift vorziehen.

Letztendlich geht es heutzutage nicht nur im Management um die Sicherung der eigenen Position. Zahlreiche Studien belegen, dass langfristig kein Unternehmen existieren könnte, wenn alle Mitarbeiter sich ausschließlich an die Arbeitsanweisungen hielten. Firmen leben vom Engagement ihrer Mitarbeiter, von ihren Ideen und dem Mut, sie umzusetzen.

So schaffte es ein Manager, der für die Mitarbeitereinsatzplanung für zwei Bereiche eines großen Unternehmens tätig war, nicht nur (allein durch den richtigen Umgang mit den Mitarbeitern) die Mitarbeiterproduktivität um durchschnittlich ca. sieben Prozent im Vergleich zu den Vorjahreszeiträumen zu erhöhen, sondern gleichzeitig die Kündigungsrate um vier bis fünf Prozent zu senken.

Im Gegensatz zu seinen Vorgängern nutzte er einen Großteil seiner Tätigkeit, um mit den Mitarbeitern zu sprechen. Mithilfe seines Terminkalenders und seiner Assistentin dachte an deren Geburtstage (was ihm bei rund 480 Mitarbeitern nicht immer gelang) und sobald er im Auto war, rief er die Kollegen einfach mal an und fragte sie, wie es denn gerade so laufe – sowohl geschäftlich als auch privat. Auf diese Weise durchbrach er die Anonymität, beugte potenziellen Missverständnissen vor und signalisierte seinen Mitarbeitern Interesse an deren Person. Nebenbei erhielt er wertvolle Informationen aus den verschiedenen Bereichen. Es gibt natürlich auch immer wieder Mitarbeiter, die mit allem unzufrieden sind und denen man einfach nichts recht machen kann.

Wenn Sie in so einer Situation sind, sollten Sie sich folgende Fragen stellen:

▶ Wie verhält sich ein Mitarbeiter – und warum tut er das? Liegen ihm die Tätigkeiten nicht, die er ausführen soll?
▶ Ist er unsicher oder fühlt er sich eventuell sogar unterfordert?
▶ Hat er private Probleme oder gab es in der Vergangenheit Vorfälle innerhalb der Firma bzw. Abteilung, die dieses Verhalten bei diesem Mitarbeiter ausgelöst haben oder sogar rechtfertigen?

Am besten sprechen Sie direkt mit dem Mitarbeiter über sein Verhalten. Sie können auch vorab diskret versuchen, über Gespräche mit seinen Kollegen herauszufinden, was mit dem besagten Mitarbeiter los ist. Auf den Punkt gebracht: Finden Sie heraus, warum sich Ihr Mitarbeiter so verhält. Oftmals sind es Kleinigkeiten, die ohne große Probleme bzw. schon durch ein Gespräch verändert werden können.

Wenn Sie ein allgemeines, persönliches Gespräch mit Ihrem Mitarbeiter führen wollen, sollte dies nicht in Ihrem Büro stattfinden. Begeben Sie sich auf „neutralen" Boden. Gehen Sie mit dem Mitarbeiter eine Tasse Kaffee trinken oder falls er raucht, gehen sie mit ihm gemeinsam vor die Tür. Auch wenn Sie selbst Nichtraucher sind, können Sie gerade bei solchen Gesprächen sehr viele Dinge von einem Mitarbeiter erfahren oder mit ihm über offene Punkte und Probleme hervorragend sprechen.

Bevor es aber zu einem direkten, ernsten Gespräch zwischen Ihrem Mitarbeiter und Ihnen kommt, stellen Sie sich selbst eine ganz wichtige Frage: Haben Sie wirklich alles versucht, um dieses Gespräch zu vermeiden? Wichtig ist auf jeden Fall, dass Sie nicht versuchen, es jedem Mitarbeiter recht zu machen. Dies ist erstens unmöglich und zweitens der beste Weg zum Misserfolg. Wenn Sie das Gefühl haben, alles getan zu haben, um dem Mitarbeiter zu helfen, können Sie nicht nur besser schlafen, Sie sind auch bestens auf ein direktes Gespräch vorbereitet.

Wenn Sie wirklich alles versucht haben, um den Mitarbeiter zu motivieren, ihn in ein bestehendes Team zu integrieren und so fit zu machen, dass er die ihm gestellten Aufgaben erledigen kann - und er dennoch nicht will oder kann, bleibt Ihnen nur noch die Möglichkeit des direkten Gespräches. Im Rahmen einer solchen Aussprache kann es dann nur die Alternative geben: entweder vernünftige Arbeit mit entsprechendem Engagement - oder raus aus der Firma. Viele Manager werden jetzt sagen: „Bei uns unmöglich. Der Betriebsrat würde das niemals zulassen!", oder aber auch: „Bei der langen Betriebszugehörigkeit wird das viel zu teuer." Dennoch sollten Sie in einem solchen Fall das Gespräch mit dem Betriebsrat suchen. Besprechen Sie mit ihm offen die Situation und versuchen Sie gemeinsam mit diesem Kreis, eine gute Lösung für den Mitarbeiter zu finden. Dies schafft nicht nur beim betroffenen Mitarbeiter Vertrauen, sondern auch beim Betriebsrat. Alle beteiligten Parteien werden es Ihnen danken.

Womit wir auch schon beim nächsten Thema wären: Vertrauen. Eine performante, also wirkungsvolle Zusammenarbeit beruht auf Vertrauen. Vertrauen ist der Anfang von allem Neuen. Wenn Sie in Ihrer Abteilung oder in Ihrem Unternehmen etwas Neues einführen wollen, wird Ihnen das nur gelingen, wenn Ihre Mitarbeiter Ihnen vertrauen. Doch wie gewinnt man das Vertrauen von Mitarbeitern, mit denen man schon jahrelang zusammenarbeitet?

Das schaffen Sie nur in vielen kleinen Schritten und indem Sie viel persönliche Zeit investieren. An dieser Stelle werden wieder viele Manager einwenden: „Ich arbeite jeden Tag von früh bis spät und schaffe so schon kaum meine Arbeit. Und jetzt soll ich jeden Tag auch noch möglichst viel Zeit mit meinen Mitarbeitern verbringen? Das ist unmöglich." Ein wirklicher Leader bzw. Performer schafft dieses Kunststück.

Dennoch: Ohne Zeit- und persönlichen Einsatz werden Sie in Bezug auf Ihre Mitarbeiter nicht viel erreichen können. Nutzen Sie die Macht der „kleinen Schritte". Beginnen Sie jeden Tag mit einem freundlichen „Guten Morgen!". Als nächsten Schritt könnten Sie mit Ihren Kollegen über aktuelle Themen und Freizeitaktivitäten sprechen. Suchen Sie den Dialog und fangen Sie an, sich für Ihre Mitarbeiter zu interessieren. Erst wenn Sie das Vertrauen Ihrer Mitarbeiter gewonnen haben, sollten Sie anfangen, etwas Neues zu unternehmen bzw. etwas an den bestehenden Prozessen und Strukturen zu ändern. Ein Vielfaches der Zeit, die Sie hier vorab investieren, sparen Sie bei der Umsetzung wieder ein. Man kann zwar Prozesse und elektronische Systeme relativ schnell ändern, die Angewohnheiten von Menschen aber nun mal nicht. Der Mensch ist halt ein Gewohnheitstier.

Ein neues Vorgehen benötigt eine neue Struktur

Haben Sie sich schon mal überlegt, warum Ihre Firma genau die Marktposition einnimmt, die sie gerade hat? Oder warum befindet sich Ihre Firma gerade jetzt in einer Krise?

Ob Firma oder Privatperson: Dort, wo sie sich jetzt gerade befinden, sind Sie aufgrund Ihrer Handlungen - oder Nichthandlungen - in der Vergangenheit. Wenn eine Firma in Zukunft erfolgreich sein will, muss sie etwas anders machen als bisher. Dies gilt auch für den privaten Bereich.

Wenn es um die Veränderung von Arbeitsbedingungen und Arbeitstechniken geht, kursieren eine Menge Schlagworte: Management by Delegation, Management by Objectives und Management by Expectation.

Im Rahmen des Empowerments werden einige Bestandteile der oben genannten Arbeitstechniken neu zusammengeführt und insbesondere um die Punkte: „neue Informationsstruktur" und „Teamarbeit", ergänzt. Letztendlich geht es um die Steigerung der Mitarbeitermotivation durch die Übertragung von mehr Verantwortung und Macht. Damit sich das volle Potenzial Ihrer Mitarbeiter entfalten kann, müssen die folgenden drei Voraussetzungen erfüllt sein:

1. Zugriff aller Mitarbeiter auf alle Informationen
2. Fest definierte Verantwortungs- und Aufgabenbereiche
3. Arbeiten in Teams

Wenn Sie diese drei Voraussetzungen für Ihre Mitarbeiter in Ihrem Unternehmen schaffen, werden Sie nicht nur zufriedenere und engagierte Mitarbeiter haben, sondern die Leistungsfähigkeit Ihres Bereichs rasant steigern.

Auf den folgenden Seiten werden die drei oben genannten Voraussetzungen und deren konkrete Umsetzung genauer beschrieben. Alles beginnt damit, dass die benötigten Informationen dem Mitarbeiter zur richtigen Zeit zur Verfügung stehen, damit er verantwortungsvoll arbeiten kann.

Neue Informationsstrukturen

Nach wie vor gilt in unserer Informationsgesellschaft der alte Spruch: „Wissen ist Macht". Diese Erkenntnis setzen leider sehr viele Mitarbeiter in einer höchst ichbezogenen Weise um und behalten wichtige Informationen für sich, ohne auch nur zu erahnen, was sie damit innerhalb ihres eigenen Unternehmens anrichten.

Kennen Ihre Mitarbeiter die monatlichen Aufwände ihrer Abteilung oder sogar des ganzen Betriebes? Damit ein Mitarbeiter unternehmerisch handeln und arbeiten kann, benötigt er die gleichen Informationen wie jeder Vorgesetzte bzw. Manager. Wissen Ihre Mitarbeiter, wie es um das Unternehmen wirtschaftlich steht? Sprechen Sie offen mit Ihren Mitarbeitern über Zahlen wie: Umsatz, Deckungsbeitrag, Marktanteile, Produktivität und so weiter. Informieren Sie sie darüber, welche Kosten beispielsweise durch die eigene Abteilung entstehen.

Insbesondere sollten Sie Ihre Mitarbeiter über die Kosten informieren, die unnötigerweise aufgrund von Unklarheiten, Fehlern oder sogar durch bewusstes Nichthandeln entstehen. Hierzu zählen unter anderem Konventionalstrafen für zu späte Lieferungen oder die zusätzlichen Kosten, die durch die Auslieferung von falschen oder sogar defekten Produkten verursacht werden.

Also, informieren Sie als Erstes Ihre Beschäftigten über solche Kennzahlen. Wenn Sie Angst haben, hierdurch hinsichtlich Ihrer Abteilung transparent und vergleichbar gegenüber anderen Bereichen zu werden, sollten Sie Ihre Bedenken zerstreuen: Betrachten Sie diese Transparenz vor allem als Chance, in Zukunft einiges besser zu machen als bisher. Hinzu kommt, dass Mitarbeiter es sehr persönlich nehmen, wenn ihnen Informationen vorenthalten werden. Informationsverweigerung erweckt immer den Anschein, dass man die Mitarbeiter für zu unwichtig hält oder ihnen misstraut.

Wichtig ist in diesem Zusammenhang, dass Sie Ihren Mitarbeitern immer wieder Folgendes verdeutlichen: Das Zusammentragen von Informationen und die folgenden Auswertungen dienen nicht der Mitarbeiterkontrolle, sondern nur einem kostenbewussten Umgang mit den Ressourcen: Dies führt letztendlich zu einer Steigerung der Performance.

An dieser Stelle könnten Sie jetzt einwerfen, dass Ihre Mitarbeiter über keinerlei betriebswirtschaftliche Kenntnisse verfügen und somit die von Ihnen vorgestellten Zahlen nicht einordnen können. Dies mag zwar bedingt zutreffen, wobei Sie Ihre Mitarbeiter niemals unterschätzen sollten.

Erläutern Sie gegebenenfalls die wichtigsten betrieblichen Kennzahlen und deren Bedeutung. Diskutieren Sie über mögliche Interpretationen und vor allem über mögliche Auswirkungen.

Nun sollten Sie gemeinsam mit Ihren Mitarbeitern die jeweiligen Kosten der wichtigsten Vorgänge bzw. Prozesse ermitteln.

Zu den wichtigsten Prozessen innerhalb des Vertriebes gehören beispielsweise:

▶ Interessentenermittlung
▶ Kundenberatung
▶ Verkauf
▶ Warenbereitstellung
▶ Kundenbetreuung

Ermitteln Sie die Kosten pro Prozessschritt und stellen Sie diese Informationen Ihren Mitarbeitern zur Verfügung. Am besten ist es, wenn Sie diese Kosten zusammen mit Ihren Mitarbeitern ermitteln. Dadurch erreichen Sie gegenüber der Belegschaft eine größere Glaubwürdigkeit der Zahlen.

Eine weitere wichtige Kennzahl ist die Marge. Fragen Sie doch mal Ihre Mitarbeiter, wie viel Prozent Marge sie letztendlich an jedem Produkt haben. Mit diesem Begriff ist nicht der Unterschied zwischen Einkaufspreis und Verkaufspreis gemeint, sondern der Betrag, der in Ihrem Unternehmen übrig bleibt, wenn Sie zu dem Einkaufspreis auch noch die allgemeinen Kosten für EDV, Finanzbuchhaltung, Controlling, Lager, Produktion, Logistik etc. hinzurechnen. Sie werden feststellen, dass nur ganz wenige Mitarbeiter diese entscheidende Zahl kennen.

Wenn Sie Ihren Mitarbeitern alle Informationen zukommen lassen, ist das nicht nur ein Vertrauensbeweis, sondern Sie beugen auch der Informationszurückhaltung durch einige wenige Mitarbeiter vor. Hinzu kommt noch: Durch die Bekanntgabe von Unternehmenszahlen erreichen Sie nach und nach eine höhere Sensibilität bei Ihren Mitarbeitern im Umgang mit internen Ressourcen. Erfahrungsgemäß wird sich auch eine höhere Kundenorientierung bemerkbar machen. Durch die Bekanntgabe der Firmenzahlen wissen Ihre Mitarbeiter jetzt, wie es um die Firma steht und vor allem: Finanzielle Engpässe treten nicht als unvorhergesehenes Ereignis in Erscheinung und jeder kann seinen Beitrag dazu leisten, entsprechende Gegenmaßnahmen einzuleiten.

Außerdem wird durch die Offenlegung der betrieblichen Kosten bei Ihren Mitarbeitern ein Mitdenkprozess eingeleitet. Immer mehr von ihnen werden sich Gedanken darüber machen, wie man hier und da einige Kosten einsparen bzw. bestehende Prozesse optimieren oder sogar aufgeben kann - meist durch organisatorische Änderungen. Solche Veränderungen sind aber nur möglich, wenn Ihre Mitarbeiter informiert sind und sich trauen, ihre Fähigkeiten und Talente in die Firma einzubringen. Wenn Sie anfangen, Ihre Mitarbeiter umfassend zu informieren, stellt Ihre Belegschaft nach und nach höhere Ansprüche an

sich selbst und die eigenen Leistungen. Sie wird sich dann bemühen, diese auch zu erfüllen.

Nutzen Sie dieses Potenzial und werfen Sie gegebenenfalls,
Liebgewonnenes über Bord – für eine bessere Zukunft.

Verantwortungs- und Aufgabenbereiche

Ein weiterer wichtiger Schritt zum Empowerment besteht darin, feste Verantwortungs- und Aufgabenbereiche zuzuordnen.
Dies mag zwar im ersten Moment recht seltsam klingen, ist aber
ein wichtiger Bestandteil.

Wie oft gibt es Unstimmigkeiten zwischen dem, was ein Mitarbeiter als seine wichtigsten Tagesaufgaben sieht und dem,
was sein Vorgesetzter von ihm erwartet! Wenn dieses Missver-
ständnis zwischen dem Vorgesetzten und dem Mitarbeiter nicht
eindeutig geklärt ist, arbeitet der Mitarbeiter im Rahmen des
Tagesgeschäftes an Aufgaben, die zwar irgendwann erledigt
werden müssen, deren Erledigung aber aus Sicht des Vorgesetzten noch Zeit hat. Vorrangige bzw. wichtige Aufgaben bleiben
hingegen unerledigt.

Das Fatale an so einer Situation ist, dass Ihr Mitarbeiter das
Gefühl hat, wirklich etwas geschafft zu haben und umso er-
staunter ist, dass Sie mit seiner Leistung nicht zufrieden sind.
Daraufhin entsteht Frustration – aufgrund eines reinen Miss-
verständnisses. Ihre Mitarbeiter können nicht zielgerichtet arbeiten, wenn sie nicht hundertprozentig wissen, was eigentlich
ihre Aufgabe ist bzw. welche Dinge vorrangig zu bearbeiten sind.
Wie können Sie dies vermeiden? Es gibt mehrere Möglichkeiten:
Sie können in regelmäßigen Kurzmeetings Ihren Mitarbeitern

mitteilen, was derzeit die wichtigsten Aufgaben sind und welche Mitarbeiter für die Erledigung dieser Aufgaben zuständig sind. Diese Methodik wird in vielen Berufen bereits angewandt und ist unter der Bezeichnung „Einsatzbesprechung" bekannt.

Eine weitere Möglichkeit ist es, bei Bedarf gezielt auf einen Mitarbeiter zuzugehen und mit ihm die dringend zu erledigenden Aufgaben explizit durchzusprechen. Hierbei sollten Sie dem Mitarbeiter nicht nur erklären, was er zu tun hat, sondern ihn auch über das Arbeitsergebnis informieren, das Sie von ihm erwarten. Nicht zu vergessen: Klären Sie, bis wann er welche Aufgabe zu erledigen hat.

Haben Sie sich schon mal die Frage gestellt, ob die Tätigkeit, die Ihre Mitarbeiter tagtäglich ausüben, deren Fähigkeiten, beruflichen Vorstellungen und persönlichen Zielen überhaupt entspricht?

In einem Projekt hatte ein Berater den Fall, dass sich bei einer Mitarbeiterin, die das Projektcontrolling durchführte, laufend Fehler einschlichen. Bei einem anderen Mitarbeiter waren die von ihm erstellten Protokolle sowohl stilistisch als auch inhaltlich unakzeptabel. Wie sich in mehreren Gesprächen herausstellte, war der Kollege eher ein Zahlenmensch als ein Mann des Wortes und die Kollegin tat sich einfach schwer mit Ziffern & Co. Jeder übernahm daraufhin die Rolle des anderen und die erarbeiteten Ergebnisse verbesserten sich schlagartig. Noch ein weiterer Effekt: Auch die Motivation und die Einsatzbereitschaft der beiden Mitarbeiter steigerten sich spürbar. Eine klassische Win-Win-Situation.

Die bestehenden betrieblichen Prozesse und Strukturen sind oftmals unter den Gesichtspunkten Leistungserbringung und

Kontrolle entstanden. Sie unterstützen somit diese auf Eigenverantwortung ausgelegte Organisationsstruktur nicht.

Wenn Sie in Absprache mit Ihren Mitarbeitern die Verantwortungs- und Aufgabengebiete neu festlegen, sollten Sie daran denken, dass ein Mitarbeiter, der in der Vergangenheit keine bzw. nur bedingt Entscheidungen treffen durfte, vieles nicht wissen kann. Somit kann er zu Beginn auch nicht wissen, wie er sich in bestimmten Situationen zu verhalten hat. Hier ist er auf die Hilfe seines Vorgesetzten angewiesen. Befähigen Sie Ihre Mitarbeiter, die ihnen gestellten Aufgaben eigenverantwortlich erledigen zu können. Dies führt zu einer höheren Mitarbeitermotivation und letztendlich zu einem höheren Engagement für die Firma. Denn Selbstständigkeit,, Struktur und Richtlinien sind die Grundvoraussetzungen für motivierte Mitarbeiter und deren effizientes Handeln.

Im Zusammenhang mit der Definition neuer Verantwortungs- und Aufgabenbereiche hat der Manager folgende Aufgaben: das Herausfinden von vorhandenen Mitarbeiterpotenzialen, die Durchführung von Workshops mit den Mitarbeitern zur Festlegung der neuen Verantwortungsbereiche, die Weiterbildung der Mitarbeiter und letztendlich das Coachen der Mitarbeiter im Alltagsgeschäft. Doch dazu mehr im Abschnitt „zukünftige Führungsaufgaben".

Arbeiten in Teams

Die letzte Grundvoraussetzung für ein starkes Empowerment ist das Arbeiten im Team. Vielen Firmen setzen bereits auf Teamarbeit, doch damit ist oft nichts anderes gemeint als das

Zusammenfassen gleichartiger Tätigkeiten zu einer Gruppe. So bilden zum Beispiel alle Mitarbeiter der Abteilung Kundenreklamation ein Team. Doch ist das gleichbedeutend mit Teamarbeit?

Ein Team im Sinne des Empowerments ist eine besondere Gruppe von Mitarbeitern, die für einen ganzen, geschlossenen Arbeitsgang gemeinsam verantwortlich ist, gleichberechtigt zusammenarbeitet und das Ergebnis ihrer Arbeit als Produkt oder Dienstleistung an einen internen oder externen Empfänger/Auftraggeber liefert.

So müssen die Mitglieder eines Teams sowohl in der Lage sein, eigenständige Entscheidungen zu treffen als auch die Befugnis hierfür haben. Hierzu muss man im Vorfeld mit den Teammitgliedern über die möglicherweise zu treffenden Entscheidungen sprechen und insbesondere über die Auswirkungen für das Unternehmen. So sollten alle Mitarbeiter im Team „Kundenreklamation" dem Kunden eigenständig Lösungsvorschläge anbieten können, ohne diese vorab vom Teamleiter bzw. Vorgesetzten genehmigen zu lassen - Ausnahmen bestätigen hier wie immer die Regel.

Die Übertragung von Verantwortung sollte aber sehr vorsichtig und mit Bedacht erfolgen. Lassen Sie sich zum Anfang Entscheidungen, die im Team getroffen wurden, vor deren Bekanntgabe vorlegen und diskutieren Sie diese gemeinsam mit Ihren Mitarbeitern, bevor eine finale Entscheidung gefällt wird. Denken Sie am Anfang immer daran: Ihre Mitarbeiter sind es nur bedingt gewohnt, eigenständige Entscheidungen zu treffen und diese letztendlich auch zu verantworten. Coachen Sie Ihre Mitarbeiter in dieser Beziehung.

Viele Vorgesetzten bekommen Bauchschmerzen, wenn es um die Zusammensetzung von Teams geht, sehen vorrangig die möglichen Probleme und übersehen das Potenzial, das in solchen Teams stecken kann. In Sachen Mitarbeitermotivation ist der Grundsatz: „Eins plus eins ist mehr als die Summe der beiden" ein alter Hut, dessen Richtigkeit sich aber immer wieder bestätigt. Denn mit einem Team von motivierten Mitarbeitern kann man viel mehr erreichen als mit den jeweils einzeln arbeitenden Mitarbeitern.

Um innerhalb eines Teams mehr gefühlte Mitarbeitersicherheit zu bekommen, empfiehlt es sich, einen Teamleiter durch das Team bestimmen zu lassen, den die einzelnen Teammitglieder jederzeit kontaktieren können. Gute Erfahrungen hat man mit rollierenden Teamleitern gemacht, die alle drei Monate wechseln. Da aber nicht jeder Mitarbeiter für diese Rolle geeignet ist und sie vor allem auch übernehmen will, sollte niemand gezwungen werden, als Teamleiter zu agieren. Wichtig in diesem Zusammenhang ist, dass jeder Mitarbeiter die Möglichkeit bekommt, diese Rolle zu übernehmen. Wer weiß, welche Fähigkeiten in einem stecken?

Nachdem jedes Teammitglied die Möglichkeit hatte, die Rolle des Teamleiters wahrzunehmen, können Sie entweder wieder mit jenem Mitarbeiter beginnen, der als erster diese Position innehatte, oder aber Sie lassen den Teamleiter durch das Team wählen. Es kann passieren, dass die Mitglieder eines Teams so zufrieden mit ihrem Teamleiter sind, dass sie diesen immer wieder für diese Rolle bestimmen.

Was letztendlich zählt: Die Mitarbeiter können eigenverantwortlich bestimmen, wer diese Aufgabe übernimmt - und somit selbstständig entscheiden. Sprüche wie - Team steht für: „Toll, ein anderer macht's'" - wird es dann nicht mehr geben. Denn in einem hierarchischen System macht jeder Mitarbeiter meist nur das, was ihm aufgetragen wurde, und hat in den seltensten Fällen Interesse daran, anderen zu helfen. Erst recht nicht bereichsübergreifend.

Letztendlich müssen die Teams in der Lage sein, sich alleine zu steuern. Dies führt unter anderem zu einer höheren Zufriedenheit am Arbeitsplatz und somit zu einem größeren Engagement aller Teammitglieder. Verbessert wird auch die Kommunikation sowohl zwischen den Teammitgliedern als auch zwischen den Teams und dem Management. Letztendlich dient dies der Reduzierung der allgemeinen Arbeitskosten und führt so zu mehr Unternehmensgewinn.

Als Vorgesetzter der Teams sind Sie sowohl für die Mitarbeiter als auch deren Ergebnisse und Entscheidungen verantwortlich. Allein deshalb sollten Sie Ihre Mitarbeiter beim Aufbau der Teams so gut wie möglich unterstützen. Denn wer heutzutage erfolgreich sein will, muss in der Lage sein, in Teams zu denken bzw. in Teams zu arbeiten. Nur so kann eine kurzfristige Anpassung bestehender Strukturen an die permanenten Marktveränderungen erfolgen. Und diese schnelle Anpassung ist das, was erfolgreiche Unternehmen ausmacht.

Zukünftige Führungsaufgaben

Im Laufe dieses Kapitels wurden immer wieder die zukünftigen Aufgaben eines Managers angesprochen. Erfahrungsgemäß werden sich die Tätigkeiten eines Managers im Rahmen des Empowerment-Prozesses ändern: weg vom rein fachlichen Ansprechpartner und Entscheider hin zum Coach. Denn die Fähigkeit Mitarbeiter zu fördern, wird immer wichtiger. Doch bevor Sie in die Rolle des Coaches schlüpfen, müssen Sie noch eine Vielzahl von Aufgaben übernehmen und durchführen.

Die wesentlichen Aufgaben lassen sich wie folgt zusammenfassen:

Bereitstellung von Informationen

Informieren Sie Ihre Mitarbeiter über firmeninterne Zahlen wie Umsatzentwicklung, Marge und betriebliche Kosten. Sie müssen keine Zahlenschlacht veranstalten. Die wesentlichen Zahlen und Fakten auf einer Folie sind genug. Aber denken Sie daran: Ein Bild sagt mehr als 1.000 Worte. Arbeiten Sie also lieber mit Grafiken als mit reinen Zahlenreihen.

Durchführung und Moderation von Workshops

Sofern Ihr Unternehmen über Ziele und Werte verfügt, sollen Sie sie Ihren Mitarbeitern konkret vermitteln. Viele Unternehmen haben zwar Ziele wie Umsatzsteigerung um X % und Senkung der Kosten um Y %, doch keine festen und kommunizierten Werte. In so einem Fall sollten Sie sich wiederum vorab mit Ihrem Vorgesetzten über die Thematik „Werte und deren Bedeutung für die Mitarbeitermotivation" abstimmen. Auch wenn die Unternehmenswerte nicht fixiert sind, sollten Sie innerhalb Ihrer Abteilung über Werte und deren Auswirkungen auf die Zusammenarbeit sprechen und gegebenenfalls selbst welche definieren.

Im Rahmen von Workshops sollten Sie mit Ihren Mitarbeitern Wege und Möglichkeiten erarbeiten, wie Sie die vorgegebenen Ziele unter Berücksichtigung der zuvor festgesetzten Werte gemeinsam erreichen können.

Durchführung von Mitarbeitergesprächen

Vorrangiges Ziel der Mitarbeitergespräche sollte die Erarbeitung und Feststellung der persönlichen betrieblichen Mitarbeiterinteressen und -fähigkeiten sein. Es empfiehlt sich, im Vorfeld solcher Gespräche an alle Mitarbeiter einen Fragebogen zu verteilen, der unter anderem folgende Fragen beinhaltet:

1. Wo sehen Sie Ihre persönlichen Stärken?
2. Welche Tätigkeit innerhalb des Unternehmens würden Sie gerne ausüben?
3. Haben Sie ein Hobby und wenn ja, welches?
4. Was lieben Sie an Ihrem Hobby?
5. Was würden Sie gerne einmal machen, wenn Zeit, Geld, Familie, Beruf etc. keine Rolle spielen würden?

Ihre Mitarbeiter sollten den Fragebogen auf alle Fälle vor Ihrem Gespräch beantworten. Wenn sich Ihre Mitarbeiter mit der Beantwortung der Fragen schwertun, empfiehlt es sich, die Auskünfte in einem gemeinsamen Workshop zu erarbeiten.

Beseitigung interner Barrieren

Insbesondere bei Veränderungen merkt man, welche internen Barrieren uns hindern, neue Wege zu gehen. Lassen Sie sich hierdurch nicht abschrecken, sondern nutzen Sie diese Hürden vielmehr, um andere Bereiche ebenfalls zu Veränderungen zu bewegen. Wenn Sie im Rahmen Ihrer Neuorganisation immer wieder an internen Prozessen scheitern, umgehen Sie diese bewusst. Was letztendlich in jedem Unternehmen zählt, ist das, was nach meist langer, harter Arbeit unter dem Strich übrig bleibt.

Letztendlich müssen Sie als Vorgesetzter dafür sorgen, dass Ihre Teams bzw. Mitarbeiter all das haben, was sie zur optimalen Erledigung ihrer Arbeit benötigen.

Unterstützung bei der Entscheidungsfindung

Je nachdem, wie viel Entscheidungskompetenz Sie in der Vergangenheit an Ihre Mitarbeiter delegiert haben, müssen Ihre Teams lernen, selbstständig Entscheidungen zu treffen. Unterstützen Sie sie hierbei, indem Sie zu Beginn des Empowerment-Prozesses Entscheidungen gemeinsam treffen. Wichtig hierbei ist die damit verbundene Diskussion mit Ihren Mitarbeitern über mögliche Folgen einer Entscheidung und den damit verbundenen Kosten.

Es empfiehlt sich, die Entscheidungskompetenz stufenweise in die Teams zu übertragen. So können Sie z.B. zu Beginn Ihre

Teams bis zu einer definierten Kostenhöhe selbst entscheiden lassen. Je nach Erfahrung erhöhen Sie das Entscheidungsvolumen.

Wenn es insbesondere am Anfang zu Fehlentscheidungen kommt, geben Sie auf keinen Fall Ihren Mitarbeitern die Schuld. Überlegen Sie gemeinsam, welche Gründe dazu führten und wie man solche Situationen zukünftig vermeiden kann.

Fachlicher Ansprechpartner und Berater

Sofern Sie der fachliche Vorgesetzte Ihrer Mitarbeiter sind, werden Sie auch im Rahmen des Empowerments diese Rolle beibehalten. Dennoch sollten Sie sehen, dass Sie nach und nach die Fachkompetenz in die Teams verlagern. Erstens motivieren Sie Ihre Mitarbeiter dadurch, dass sie nach und nach dazulernen und zweitens ist es für Sie einfacher, urlaubs- oder krankheitsbedingte Ausfälle von Mitarbeitern zu überbrücken. Oder wie geht es weiter, wenn Sie irgendwann mal nicht mehr weitermachen wollen oder können?

Strategische Weiterentwicklung des Bereichs

Durch den aktiven Informationsaustausch, der fest definierten Verantwortungs- und Aufgabenbereiche und der Einführung der Teamarbeit gewinnen Sie wieder Zeit, um sich um die strategische Weiterentwicklung Ihres Arbeitsbereichs zu kümmern. Kennen Sie die aktuellen Trends in Ihrem Unternehmensbereich? Lernen Sie diese kennen und erarbeiten Sie Möglichkeiten, um von diesen neuen Trends zu profitieren.

Kontaktperson zu anderen Bereichen

Eine nicht zu unterschätzende Aufgabe ist die Kommunikation mit den anderen Bereichen Ihres Unternehmens und mit dem Management. Allein zur Beseitigung interner Barrieren müssen Sie aktiv auf die anderen Bereiche zugehen und ihnen darstellen, aus welchen Gründen Sie etwas so oder so geändert haben wollen.

Noch zwei wichtige Punkte zum Abschluss des Kapitels, die früher oder später angesprochen werden.

Mehrgehalt einer Führungskraft

Wenn Sie nach und nach sowohl die fachliche als auch die Entscheidungskompetenz an Ihre Mitarbeiter weitergeben, taucht hier und da die Frage auf, ob das Mehrgehalt eines Managers in Ihrem Fall überhaupt gerechtfertigt ist. Hier eine klare Antwort: Ja, sofern Sie die oben beschriebenen Aufgaben im Sinne der Mitarbeiter und des Unternehmens erledigen. Denn wenn Sie Ihre Tätigkeiten in die Teams delegieren, haben Sie wieder die Zeit, sich um die eigentlichen Aufgaben einer Führungskraft zu kümmern: Mitarbeiter fördern und das Unternehmen für die Zukunft ausrichten. In den Unternehmen werden Führungskräfte benötigt, die tatsächlich führen können und die Mitarbeiter zu dem befähigen, wozu sie eigentlich in der Lage sind.

Zurückhaltung gegenüber den Mitarbeitern

Ein Punkt, mit dem viele Manager so ihre Probleme haben, ist der des Nicht-dazwischen-Redens. Oft ist zu beobachten, wie Mitarbeiter ihrem Chef etwas erzählen bzw. vortragen und dieser seinen Mitarbeiter schon nach wenigen Worten unterbricht, nur weil der Vorgesetzte zu wissen glaubt, was der Mitarbeiter ihm sagen wollte. In solchen Situationen gilt der alte Spruch: „Reden ist Silber, Schweigen ist Gold." Jemanden ausreden zu lassen, ist nicht nur ein Gebot der Höflichkeit, sondern ist auch ein Zeichen von Respekt. Mit dem abrupten Unterbrechen signalisieren Sie Ihren Gesprächspartner auch, dass das, was er zu sagen hat, weniger wichtig ist, als das, was Sie zu sagen haben. Ein weiterer Nachteil ist, dass Sie damit die Autorität Ihres Gesprächspartners untergraben und es durchaus dazu kommen kann, dass dieser Ihnen nie mehr etwas sagt und jedes Gespräch mit Ihnen meidet.

Hören Sie aufmerksam zu und stellen Sie bei Unklarheiten entsprechende Fragen. Auch hier gilt der bewährte Verkäuferratschlag: „Wer fragt, der führt". Führen Sie das Gespräch durch qualifiziertes Hinterfragen. Sollte doch mal ein Mitarbeiter auf dem Holzweg sein, versuchen Sie ihn durch Fragen auf die richtige Spur zu bringen bzw. auf neue Ideen.

Alles braucht seine Zeit

Das große Übel im Rahmen des Empowerment-Prozesses sind die kurzfristigen Ziele. Insbesondere bei börsennotierten Unternehmen sind Quartalsergebnisse wichtiger als ein in der Zukunft liegender Erfolg. Wichtige Themen werden oft nicht angegangen, da diese dem Unternehmen Kapital entziehen oder der zu erwartende ROI (Return of Investments) zu weit in der Zukunft liegt. Hinzu kommt, dass solche Situationen Unzufriedenheit und Frustration bei allen Beteiligten erzeugen.

Beginnen Sie trotzdem mit der Umsetzung des Empowerments und werden Sie nicht ungeduldig, wenn die Umsetzung etwas länger dauert als gedacht. Rom wurde auch nicht an nur einem Tag erbaut. Lassen Sie sich durch Rückschläge nicht demotivieren, sondern machen Sie weiter. Ganz nach dem Motto: „Jetzt erst recht". Finden Sie heraus ,warum etwas nicht so funktionierte wie geplant. Ändern sie etwas und versuchen sie es noch mal. Wenn es sein muss ein drittes, ein viertes oder sogar ein fünftes Mal. Sie können auch nicht warten, bis Sie alle Mitarbeiter hinter sich haben. Beginnen Sie mit Ihrem Vorhaben, man wird Ihnen folgen. Und denken Sie immer daran: Es kommt nicht darauf an, wie oft man hinfällt, sondern nur, wie oft man wieder aufsteht.

Erfahrungsgemäß werden die ersten positiven Veränderungen kaum bemerkbar sein. Umso wichtiger ist es, dass diese Verbesserungen von Ihnen und Ihren Mitarbeitern wahrgenommen und vor allem gefeiert werden. Damit Sie es schaffen, Ihre Mitarbeiter regelrecht zu empowern, dürfen Sie sich nicht selbst im Wege stehen und müssen Ihre lieb gewonnenen alten Denkweisen verlassen.

Was immer auch geschieht, arbeiten Sie weiter an der Umsetzung dieses Konzeptes und glauben Sie daran. Dass Sie auf dem richtigen Weg sind, erkennen Sie unter anderem daran, dass Ihre Mitarbeiter immer öfter mit neuen Ideen auf Sie zukommen, um Ihre Meinung dazu zu hören oder um Sie um Unterstützung bei der Umsetzung zu bitten.

Alle drei Bereiche der Informationsbereitstellung - definierter Aufgabenbereich, definierter Verantwortungsbereich sowie Teamarbeit - arbeiten interaktiv zusammen. Bei der Umsetzung müssen Sie zumindest bei den Punkten „Übergabe von Verantwortung" und „Teamarbeit" parallel vorgehen.

Was immer Sie auch tun - es werden immer einige Mitarbeiter dabei sein, die kein Interesse an mehr Informationen und an neuen Aufgaben haben. Klären Sie diese Unstimmigkeiten direkt mit den Außenseitern und sprechen Sie mit ihnen offen über mögliche betriebliche Konsequenzen, falls es keine passende Aufgabe im Unternehmen für sie gibt. Verbrauchen Sie nicht den Großteil Ihrer Energie für die letzten fünf Prozent der Umsetzung.

In dem Buch „Management durch Empowerment" von Kenneth Blanchard, John P. Carlos und Alan Randolph steht: „Empowerment ist keine Zauberei. Es handelt sich dabei nur um ein paar einfache Ideen und viel durchdachte Arbeit."

R WIE RELATIONSHIP

Eine Studie bei IBM in USA diese hat Folgendes ergeben. Ob man Karriere in einem Unternehmen macht, hängt hauptsächlich von drei Faktoren ab:

Leistung	10%
Image/Selbstdarstellung	30%
Kontakte/Beziehungen	60%

Beziehungsmanagement und Kommunikation

„Kleine und mittelständische Unternehmen, die Probleme durch ineffiziente Kommunikation ignorieren, verlieren unter Umständen über 3.900 Euro pro Mitarbeiter und Jahr", so eine Studie der SIS International Research aus dem Jahr 2009. Die von Siemens Enterprise Communication gesponserte Studie zeigte weiter, dass Firmen im Schnitt 17,5 Stunden pro Woche für die Lösung von Problemen aufwenden, die durch Kommunikationshindernisse und -verzögerungen verursacht wurden. Darüber hinaus stellte das Forschungsinstitut fest, dass der wöchentliche Zeitaufwand für die Lösung von Kommunikationsproblemen in Unternehmen mit mehr als 20 Mitarbeitern um über 50 Prozent höher war, als in solchen mit weniger Personal. In „harten" Kosten ausgedrückt, so die Studie, verlieren Unternehmen mit etwa 100 Mitarbeitern unter Umständen jährlich über 390.000 Euro durch schlechte oder mangelnde Kommunikation. Rechnet man diese Zahl hoch auf große mittelständische Unternehmen oder gar auf Konzerne, so bedeutet dies, dass Unternehmen mit 10.000 Mitarbeitern rund 39 Millionen Euro pro Jahr durch mangelnde oder schlechte Kommunikation verlieren. Es wäre ratsamer, diese Zahl als Investition zu nutzen, um Mitarbeiter und Führungskräfte in punkto Beziehungsmanagement weiter zu bilden.

In der Reihenfolge der Kosten, die den Unternehmen durch diese Versäumnisse entstehen, sind nach aktuellen Ergebnissen der SIS Studie folgende Problemfelder zu nennen:

▸ mangelnde Koordination,
▸ Warten auf Informationen,
▸ unerwünschte Kommunikation,

▶ Kundenbeschwerden und
▶ Barrieren bei der Zusammenarbeit.

1. Mangelnde Koordination: 68 Prozent der Befragten stoßen bei der Koordinierung der Kommunikation zwischen Team-Mitgliedern auf Schwierigkeiten. Diese beeinträchtigen die Fähigkeit zur schnellen Reaktion auf zeitkritische Kundenanforderungen. Im Durchschnitt brauchen sie 3,7 Stunden pro Woche für Versuche, die Kommunikation zwischen Team-Mitarbeitern zu koordinieren. Die Folge: Ziele werden nicht schnell genug erreicht und Termine können nur unter Schwierigkeiten eingehalten werden.

2. Warten auf Informationen: 68 Prozent der Befragten gaben an, dass sich ihre Arbeit durch Warten auf Informationen von anderen verzögert. Durchschnittlich beträgt diese Verzögerung 3,5 Stunden pro Woche, die dem aktiven Handlungsbedarf in den Arbeitsprozessen verloren geht.

3. Unerwünschte Kommunikation: Mit unerwünschter Kommunikation - beispielsweise unwichtige Anrufe, Voicemail und vor allem das „cc" oder „bcc". Durch das ständige „Miteinkopieren" vermeintlich interessierter oder benötigter Personen wurden 77 Prozent der Befragten in der Studiengruppe konfrontiert. Sie gaben an, dass sie zwei oder mehr Stunden pro Woche zusätzlich dafür aufwenden müssen. Diese Unterbrechungen lenken ab und stören den Arbeitsablauf, was eine geringere Produktivität und Terminüberschreitungen zur Folge hat.

4. Barrieren bei der Zusammenarbeit: 61 Prozent der Befragten stoßen bei der Teamarbeit mit Kollegen auf Schwierigkeiten. Sie wenden durchschnittlich 3,3 Stunden pro Woche für Versuche auf, Kollegen physisch oder telefonisch zu erreichen.

Darüber hinaus wurde im Zuge der SIS International Re-
search-Studie festgestellt, dass KMU-Mitarbeiter sehr mobil
sind: 50 Prozent bezeichnen sich selbst als mobile Mitarbeiter,
die sich ständig oder teilweise auf Reisen befinden oder innerhalb des Büros unterwegs sind bzw. von zu Hause aus arbeiten.
Dieses wird sich im Rahmen einer weiteren Globalisierung des
Arbeitsmarktes und einer damit verbundenen Flexibilisierung
der Arbeitszeit noch verstärken.

Überlastete und geparkte Führungskräfte

Der Anklang solche Studienergebnisse im Management ist
nicht sehr groß. Die meisten Führungskräfte versinken im Alltagsgeschäft, anstatt sich mit strategischen Verbesserungs-
maßnahmen und Kommunikationsproblemen auseinanderzusetzen. Es scheint, dass die Unternehmenskommunikation und
das Beziehungsmanagement die Aufnahmekapazität der Führungskräfte überlastet. Die Folge davon ist, dass sich viele Mitarbeiter nicht ausreichend und glaubwürdig informiert und respektiert fühlen. Häufig entstehen Missverständnisse, die die
Motivation und Produktivität beeinträchtigen.

Derartige Kommunikationsprobleme haben ihren Ursprung
sehr wahrscheinlich in der Erfolgsgeschichte der firmeninter-
nen Kommunikation. Ende der Neunzigerjahre erklärten die
Vorstände deutscher Unternehmen die interne Kommunikation
zur Chefsache und siedelten diese beim Vorstand an. Oft wurden
neue Managementpositionen geschaffen. Meist mit Managern,
die aufgrund schlechter Performance irgendwo geparkt werden mussten. So konnten diese Manager ohne großen Gesichts-

verlust weiter in den Vorstandsetagen verbleiben. Die Budgets und Kompetenzen wurden erweitert. Neue Medien und Prozesse wurden kreiert. Um die Kommunikation kümmerte sich niemand. Sie wurde vorausgesetzt, war selbstverständlich. Die Aufgaben der Kommunikationsverantwortlichen veränderten sich seit den Neunzigerjahren permanent. Sie wurden komplexer. Eine Informationsflut setzte ein. Schleichend wurde die Lücke zwischen Beziehungs- und Kommunikationswissen der Manager und den Anforderungen des Marktes immer größer.

Wenn sich die interne Kommunikation nur als Sprachrohr des Managements definiert, untergräbt sie ihre Glaubwürdigkeit und Authentizität des Managements. Kommunikation ist immer ein Übersetzen. Ein Übersetzen in eine Sprachform, die jeder versteht.

Fehlendes Beziehungsmanagement

Was haben die Katastrophen der Nasa-Raumfähren Challenger und Columbia, das Deutsche Maut-Debakel und der Niedergang der Schweizer Fluggesellschaft Swissair gemeinsam? Alle vier Krisen wurden maßgeblich durch mangelnde Kommunikation zwischen Managern, Spezialisten und Mitarbeitern verursacht. Das Wissen um die Probleme und Risiken war in allen vier Fällen bei den Mitarbeitern und Experten vorhanden. Es gelang jedoch in keinem der vier Fälle, dieses Wissen wirksam und rechtzeitig in die Entscheidungsprozesse des Managements einzuspeisen.

Die Konsequenzen sind bekannt: Milliardenverluste, riesige Imageschäden und im Falle der Space-Shuttle-Katastrophen der Verlust von insgesamt 14 Menschenleben.

Die Kommunikation zwischen Mitarbeitern und Managern scheitert nicht nur an unterschiedlichen Prioritäten, Perspektiven, Terminologien und Aufgaben, sondern auch an einem schwachen gegenseitigen Beziehungsmanagement, also sozialer Schwäche. Man nimmt den anderen nicht ernst, respektiert ihn nicht. Zeitdruck verschärft die Lage. Es fehlt an Vertrauen.

Wer aneinander vorbei redet oder sich nicht versteht, kann nicht die richtigen Entscheidungen treffen.

In Bezug auf die Krisen bei der NASA, Toll-Collect und Swissair ergaben innerbetriebliche Untersuchungen, dass in gut 80 Prozent der Fälle nicht die sogenannten harten Informationen problematisch waren, sondern die mangelnde Beachtung und Mitwirkung des Personals. Die ungenügende Bewertung und Übersetzung (Kommunikation) der Fakten sowie das Fehlen einer persönlichen Adressierung und Ansprache (Beziehungsmanagement) der Mitarbeiter löste diese Krisen aus.

Das Verständnis für und von Mitarbeitern hat sich verändert. Mitarbeiter sind nicht einfach nur Arbeitsplatzbesitzer, sondern werden mehr und mehr Know-how-Anbieter. Sie wissen um ihren Wert und was viel wichtiger ist: Sie überprüfen und testen ungeniert ihren Marktwert.

Für Unternehmen ist es heute von zentraler Bedeutung, die Kommunikation untereinander zu fördern und zu verbessern. Schulungsmaßnahmen sollten nicht als Kostenfaktor, sondern als Investition gesehen werden.

Nicht immer ist es möglich, alle Kommunikationsprobleme anzusprechen und zu lösen. Einige Probleme kann man jedoch sehr gut charakterisieren. Hier ist der Einsatz von externen Beratern sinnvoll. Sie können sich, zusammen mit den Mitarbeitern und Führungskräften des Unternehmens, auf die Suche nach den individuellen Ursachen machen, Punkte neutraler ansprechen und Lösungen finden.

Rechte und linke Gehirnhälfte

Eines der schwierigsten Probleme in der Kommunikation entsteht zwischen Menschen mit verschiedenen Hirndominanzen: Es gibt Menschen oder auch Kulturen, die verbal, rational und analytisch orientiert sind. Bei ihnen ist die linke Gehirnhälfte stärker ausgeprägt. Techniker, Ingenieure und Programmierer gehören oft dieser Gruppe an. Auch unsere westliche Kultur ist überwiegend linksorientiert. Asiatische Kulturen oder künstlerisch begabte Menschen sind überwiegend rechtsorientiert. Bei ihnen herrscht das ganzheitliche, synthetische, nichtverbale Denken vor.

Innerhalb der links- oder rechtsorientierten Menschen wird die Kommunikation eher unproblematisch verlaufen. Zwischen den links- und rechtsorientierten Menschen kommt es dagegen zu ganz erheblichen Problemen. Während man zum Beispiel in einer Linkskultur wie Europa eher bei der Wahrheit bleibt, wird man in einer Rechtskultur am liebsten das sagen, was das Gegenüber hören will. Auch wenn dies mit der Wahrheit überhaupt nichts mehr gemein hat. In den Augen der ‚Linken‘ lügen daher die ‚Rechten‘. Sie erzählen das Blaue vom Himmel. Und umgekehrt empfinden die ‚Rechten‘ die ‚Linken‘ als extrem unhöflich und langweilig, weil sie immer von Dingen reden, die keinen interessieren. Wenn Sie daher in Tokio einen Japaner nach dem Weg fragen, wird er Ihnen den Weg beschreiben. Auch dann, wenn er selbst den Weg nicht kennt. Sie werden Freundlichkeit und Hilfsbereitschaft erfahren, aber vielleicht nie den Weg. Der Japaner wird Sie bewusst auf eine falsche Fährte führen, denn die Wahrscheinlichkeit, dass Sie ihm in Tokio zum zweiten Mal über den Weg laufen, ist höchst unwahrscheinlich. Es ist für ihn daher angenehmer den falschen Weg zu weisen, als sein Gesicht zu verlieren.

Die Japaner sind Meister der Diplomatie. Sie bleiben zwar selten bei der Wahrheit, verwenden häufig falsche Komplimente, doch irgendwie schaffen sie es, dass Ihnen die Menschen gerne zuhören. Vielleicht gerade deswegen, weil sie gebannt versuchen, den Wahrheitsgehalt herauszufiltern. Da die vollständige und reine Wahrheit nicht immer angebracht ist und auch schmerzhaft sein kann, dürfen kleine Notlügen schon einmal angewendet werden. Auch bei uns.

Beispiel: Ihr Ehepartner fragt Sie, wie Sie aussehen. Antworten Sie mit einem Kompliment und sagen Sie nicht Ihre ehrliche Meinung. Achten Sie auf Fangfragen wie: Schatz, passt mir dieses Kleid? Manchmal ist es einfach klug, überhaupt nichts zu sagen, weil jede Antwort falsch wäre.

Geschwindigkeitstypen

Ein weiteres Kommunikationsproblem ist das Aufeinanderprallen von verschiedenen Geschwindigkeitstypen. Es gibt extrem schnelle, aber auch extrem langsame Kommunikationstypen. Beide sind meist gute Arbeiter. Der Langsame ist vielleicht sogar der Effektivere, weil er fehlerlos und nur nach ausgiebigem Nachdenken zielstrebig und direkt weiterkommt.

Meist sind die ‚Jungen' schnell, und die ‚Alten' langsam. Beide halten wenig voneinander. Jeder hält das eigene Tempo für das Optimale und Effektivste. Es ist sehr schwierig sein, die Geschwindigkeiten aneinander anzunähern. Beide Typen werden in Unternehmen und Beziehungen gebraucht. Vor allem den jungen Schnellen, die in einem alten Umfeld arbeiten, ist es anzuraten, das Tempo temporär künstlich zu verlangsamen. Sie müssen lernen, etwas geduldiger zu sein. Nur auf diese Weise lassen sich kommunikative Geschwindigkeitsprobleme vermeiden.

Die Lautstärke

Auch die Lautstärke oder die Wortwahl können Beziehungs- oder Kommunikationsprobleme verursachen. Auch hier gilt, dass kleine Unterschiede überbrückt werden können. Extreme und anhaltende Differenzen können jedoch die Kommunikation empfindlich stören.

Dass man zwischen verschiedenen Sprachen Dolmetscher einsetzt, ist bekannt. Auch andere Experten wie Logopäden verhelfen Menschen zu besserer Verständigkeit. Dass man jedoch auch „Dolmetscher" einsetzen sollte, wenn es um Kommunikationsprobleme geht, ist weitgehend unbekannt. Mit „Dolmetschern" würden Unternehmen nicht nur effektiver arbeiten, es würde auch weniger Kündigungen oder Entlassungen geben. Auch im privaten Bereich würden einige Ehen länger halten, wenn beide Partner sich an die Regeln fairer Kommunikation halten würden. Diese müssen in Fleisch und Blut übergehen.

Performer sind Dolmetscher

In Fernseh-Talkshows übernehmen zum Beispiel Moderatoren die Funktion des Dolmetschers. Sie übersetzen die zum Teil hochkomplexen Diskussionsthemen der Experten in eine Sprache, welche die Zuschauer verstehen.

In der Praxis einiger Unternehmen gibt es heute noch immer große Diskrepanzen in der Verständigung zwischen Mitarbeitern und Führungskräften. Diese sind auf die Arroganz und fehlende, soziale Wahrnehmung des Managements zurückzuführen. Denn ihnen ist nicht bewusst, was sie versäumen.

Macht zum Beispiel ein einfacher Arbeiter in der Firma einen Verbesserungsvorschlag, wird dieses vom Management oft hochnäsig abgetan. Der Grund für eine solche Reaktion liegt zum Teil an der Bequemlichkeit der Führungskräfte. sich mit einer nicht von ihnen stammenden Idee auseinanderzusetzen. Sie sehen die zusätzliche Arbeit, die eine genaue Prüfung nach sich zieht. Spart dieser Vorschlag dann aber der Firma jährlich mehrere Millionen, wird oft seitens des Managements vorwurfsvoll die Frage gestellt, warum der Mitarbeiter nicht schon früher diesen Vorschlag gemacht habe. Hier fühlen sich die Mitarbeiter missverstanden und machtlos: Es hat sich ja zuvor keiner für ihre Ideen interessiert.

Die Kommunikation zwischen Managern und Spezialisten ist ein heikler und kritischer Prozess. Die Probleme beginnen bereits bei der gegenseitigen Wahrnehmung. Die Mitarbeiter sind oft von den Managern enttäuscht. Diese scheinen mit ihrer Arbeit überfordert und nur an Kosten und Erträgen interessiert zu sein.

Auch die Manager äußerten sich häufig negativ über die Mitarbeiter: "Unsere Mitarbeiter verlieren sich oft in Details." „Statt immer nur zu problematisieren, erwarten wir Lösungsvorschläge." „Warum sehen die nur die technische Seite eines Problems?" „Mitarbeiter berücksichtigen oft nicht den größeren Kontext eines Problems."

Hier besteht eine erschreckend tiefe Kluft, die größer und größer zu werden scheint.

Um die richtigen Entscheidungen treffen zu können, baut der Performer auf das das Wissen von Zulieferern wie Experten, Ingenieuren, Programmierern, Analysten oder Juristen. Dieses Know-how ist vor allem dann wichtig, wenn es um Technologie- oder Investitionsentscheidungen, rechtliche Probleme, Marktanalysen, Infrastrukturbelange und natürlich auch strategische Fragestellungen, geht.

Dieses Wissen kann aber nur *effektiv* genutzt werden, wenn das Beziehungsmanagement und die Kommunikation zwischen Managern und Experten gelingt. Doch was entscheidet über Erfolg oder Misserfolg im Hinblick auf die Beziehung und die Kommunikation zwischen Entscheidern und Experten?

Der für die Kommunikation nötige minimale gemeinsame Kontext muss gefunden werden. Wird dieser nicht gefunden, führen die Kommunikationsprobleme zu kostspieligen Missverständnissen. Wenn das Kontextwissen der Manager nicht mit dem Detailwissen der Spezialisten verbunden wird, entsteht eine Informationslücke.

Schuld an dieser Informationslücke sind nicht nur die unterschiedlichen Betrachtungsweisen und Expertisen. Die inhaltlichen Differenzen führen häufig zu Störungen im persönlichen Verhältnis. Das soziale Beziehungsmanagement ist massiv gefährdet; man kann sich sozusagen „nicht riechen." In diesem Zusammenhang spielt Vertrauen eine große Rolle.. Vielleicht haben Sie sich auch schon oftmals folgenden Gedanken gehabt: "Weil uns das Management nicht wirklich vertraut, müssen wir immer alles tausendfach beweisen. Dies ist sehr aufwendig."

Externe Berater

Das mangelnde Vertrauen und das Abwehrverhalten der Manager kann man auch als „Prophetenproblem" bezeichnen. Interne Fachleute werden nicht geschätzt und nur externe Berater werden konsultiert. Die Beratungsbranche boomt wie noch nie. Doch die Beratungsfirmen kochen auch nur mit heißem Wasser. Performer dagegen lösen mit gesundem Menschenverstand die meisten kommunikativen Probleme selbst. Voraussetzung hierfür ist, dass Sie das dringende Bedürfnis haben, es zu tun.

Ein Praxisbeispiel:

Die Experten eines großen, internationalen Beratungsunternehmens fühlten sich in ihrer wichtigen Arbeit von den Partnern und Beratern der Firma nicht genug geschätzt. Sie beklagten sich über ungenaue Aufträge und fehlende Rückmeldungen in Bezug auf den Nutzen der geleisteten Analysen. Die Manager wiederum empfanden die Berichte der Analysten oft als zu weitschweifig, zu wenig fokussiert und nutzbar. Warum? Eine detaillierte Analyse des Problems ergab, dass oft kein gemeinsames Verständnis der Aufgabenstellung vorlag. Anstatt sich gemeinsam auf ein Ziel zu einigen und abzuklären, welche Form die Analyseresultate haben sollten, erhielten die Analysten oft nur vage Hinweise vom Management. Oftmals erfolgte die Delegation der Aufgaben zwischen Tür und Angel.

Alternativ sehr beliebt ist auch die schnell geschriebene E-Mail-Nachricht vom Manager an den entsprechenden Spezialisten. Wo bleibt hier die persönliche Beziehung?

Das Management rechtfertigte dieses Vorgehen oft damit, es könne die Recherche nicht genauer definieren. Genau dieses Wissen erwarteten sie von den Analysten. So nach dem Motto:

„Ich weiß nicht, was ich brauche, aber ich erkenne es, wenn ich es sehe".

In der Tat stellt sich manchmal die Frage, wie das Management eine spezifische Frage über etwas stellen kann, von dem es nicht weiß, dass es existiert. Oft stellte sich heraus, dass nicht nur die Briefingphase problematisch war, sondern der gesamte Kommunikationsprozess bzw. der Beziehungsprozess zu linear geführt war. Die Rollen zwischen Analysten und Management waren zu festgefahren. Das Briefing liegt vorwiegend in der Verantwortung der Manager. Den Analysten obliegt ausschließlich die Analysephase. Diese arbeiten jedoch häufig isoliert und bekommen auf diese Weise kein Feedback von den Managern. So kommt es vor, dass beide Abteilungen fleißig aneinander vorbeiarbeiten. Erst beim Lesen der Schlussberichte, die am Ende des Projektes auf dem Tisch der Manager landeten, kam dann das große Erwachen. Plötzlich wurden sich beide Seiten bewusst, dass sie sich zu wenig abgestimmt hatten, sich nicht ergänzten.

Zu diesem Zeitpunkt war es jedoch viel zu spät, um den Auftrag noch einmal umzuformulieren. Eine erneute Analyse hätte erhebliche, zusätzliche Kosten verursacht.

Es wurde nach vorne geschaut. Denn es war sinnvoll, das Zusammenspiel der Spezialisten und Managern genau unter die Lupe nehmen zu lassen. Hierfür wurden externe Berater engagiert, da sie dem Unternehmen und den Mitarbeitern gegenüber neutral eingestellt waren und sich ausschließlich um die Optimierung der Kommunikationswege kümmern sollten.

Mithilfe der Berater wurden die Anfragen an die Analysten durch eine einfache Checkliste formalisiert und durch eine kurze Absprache mit dem entsprechenden Manager ergänzt. Zudem wurde vereinbart, die Rückmeldung des Managers an den Analysten als obligatorischen Schritt im Beratungsprozess zu definieren. Diese Vorgehensweise verbesserte die Kommunikation maßgeblich. Auch die Beziehungen zwischen Analysten und Managern verbesserten sich erheblich.

Der geschilderte Fall zeigt, dass man die Beziehungs- und Kommunikationsprobleme zwischen Managern und Analysten nicht punktuell und ad hoc angehen sollte. Vielmehr muss die Kommunikation zwischen diesen beiden zentralen Gruppen in einer Organisation systematisch strukturiert und unterstützt werden.

Performer verstehen daher den Beziehungsfindungs- und Kommunikationsprozess als einen dauerhaften Zyklus, bei dem sich die Auffassungen beider Seiten graduell annähern und Lösungen permanent verfeinert und konkretisiert werden.

Briefing an Experten

Viele Probleme entstehen aufgrund unterschiedlicher Auffassungen darüber, wie detailliert das Briefing der Mitarbeiter und Experten sein sollte. Dies rührt zum einen daher, dass die

Rollen während der verschiedenen Projektphasen nicht genau definiert und verteilt sind. Zum anderen existiert oftmals eine schlechte Feedback- und Informationskultur. Manche Manager informieren oft sehr spät oder gar nicht über Veränderungen im Umfeld der Zieldefinition. Zudem erfolgt ein Feedback der Manager an die Mitarbeiter häufig viel zu spät. Es geht viel Zeit dabei verloren, den Auftrag neu zu formulieren und die Analyse zu wiederholen. Dieses passiert sehr oft in Projektsituationen, wenn die Projektampel von dauergrün auf dauerrot wechselt.

Kommunikation der Resultate

Mitarbeiter präsentieren meistens das Problem/die Lösung zu isoliert, meist nur aus der Sicht der entsprechenden Fachabteilung. Der spezifische Entscheidungskontext wird nicht genug betrachtet. Auch werden benachbarte Sichtwinkel zu wenig berücksichtigt. Zur Ehrenrettung der Mitarbeiter muss angemerkt werden, dass es ihnen manchmal aufgrund der engen Termin- und Zeitvorgaben nicht möglich ist, auch rechts und links vom Tellerrand zu blicken. Häufig verwenden die Mitarbeiter und Experten eine zu technische Sprache und präsentieren ihre Resultate zu detailliert. Hier ein Performer-Tipp für Mitarbeiter und Experten:

Je höher Sie eine Präsentation oder einen Bericht in der Hierarchieebene vorstellen müssen, desto einfacher und bunter muss dieser Bericht geschrieben sein.

Die Fakten müssen möglichst einfach und unterhaltend präsentiert werden! An sich sollten alle Menschen wissen, dass eine gute Kommunikation der wichtigste Berührungspunkt zwischen Menschen ist. Doch leider ist die richtige Kommunikation für viele Menschen - egal ob Führungskraft, Angestellter oder Mitarbeiter - eine der schwierigsten Aufgaben. Vielleicht erscheint sie bei all den schwierigen Problemstellungen selbstverständlich oder nebensächlich.

Beispiel: Produkte und Dienstleistungen unter den Mitbewerbern werden immer ähnlicher in Bezug auf Material, Herstellung, Angebot und auch auf den Preis. Der einzige Unterschied, warum Menschen das eine Produkt kaufen und das andere nicht, liegt am Faktor Mensch. Menschen kaufen von Menschen. Baut ein Verkaufsperformer ein gutes Beziehungsmanagement mit einem Käufer auf und versteht er dieses mit geschickter Kommunikation anzupreisen, so hat er den Verkaufsabschluss im Sack.

Vom WAS und WARUM zum WIE?

Auch im Bereich des Beziehungsmanagement und der Kommunikation geht es, wie so oft vom „WAS" und dem „WARUM" zum „WIE".

Das „WAS" im Beziehungsmanagement umfasst alle Aktivitäten zum Aufbau und zur Pflege eines persönlichen Netzwerks von Personen. Das „WARUM" beschreibt die Vision bzw. das Ziel von Beziehungen.

Das gute Netzwerk von Performern hilft einerseits, Aufgabenstellungen schneller und besser zu lösen und andererseits Erfahrungen mit anderen Netzwerkpartnern oder anderen Performern auszutauschen, um eventuell neues Wissen oder Innovationen zu entwickeln oder einfach, um gute Freunde für ein Glas Bier oder Wein zu finden.

Das „WIE" im Beziehungsmanagement umfasst die folgenden drei Phasen: den Aufbau, die Dokumentation und die Beziehungspflege. Alle drei hängen maßgeblich von der Kommunikation zwischen Menschen ab.

Gute Beziehungen zu anderen Menschen sind die Grundlage von Erfolg und Zufriedenheit. Denn effektives und erfolgreiches Beziehungsmanagement beginnt im Kopf und ist die Grundlage für den positiven, wertschätzenden Umgang mit anderen Menschen.

Der Aufbau von Netzwerkpartnern

Performer versuchen auf Fachmessen, Kongressen, in Seminaren und Vorträgen mit den Personen in Kontakt zu kommen, mit denen Sie eine Beziehung aufbauen wollen. Diese Aktion ist zu vergleichen mit der Suche nach einem neuen Lebensabschnittsgefährten. Sie besuchen in diesem Fall die Orte, an denen Sie Ihren potenziellen Lebenspartner zu finden hoffen. Orte, an denen gleiche Geschmäcker oder Interessen aufeinanderprallen und die Basis für eine erste Kommunikation fördern.

Egal ob beruflich oder privat. Sie stellen sich meist mit Namen vor, erklären auch sehr oft, was Sie beruflich machen. Sie erzählen, was Sie besonders interessiert und für Sie wichtig ist und befragen auch Ihren Gesprächspartner.. Bei gegenseitigem Interesse tauschen Sie Ihre Kontaktdaten oder Visitenkarten aus. Dass Sie bereits beim ersten Treffen mit Ihrem neuen Gesprächspartner ins Geschäft kommen, beruflich oder privat, ist meist unwahrscheinlich aber nicht ausgeschlossen.

Performer nutzen dabei die einmalige Chance des ersten Eindrucks. Der Schlüssel zu Ihnen selbst und zur positiven Ausstrahlung. Sie haben dafür keine drei Sekunden Zeit. Was Sie nun vermasseln, lässt sich nur schwer wieder gerade biegen. Versuchen Sie ein Wohlfühlklima zu schaffen, eine Atmosphäre, in der Sie und andere sich gut fühlen.

Dale Carnegie beschreibt in seinem bekannten Bestseller „Wie man Freunde gewinnt", die wohl wichtigste Aktivität im Beziehungsmanagement. Sprechen Sie jeden Menschen unbedingt mit seinem Namen an. Nichts ist für einen Menschen wichtiger und schöner, als seinen Namen zu hören. Dieses ist für ihn Musik, Anerkennung, Respekt. Nutzen Sie die Macht des gesprochenen Wortes.

Zeigen Sie ernstes Interesse an Ihrem Gesprächspartner. Nutzen und vertrauen Sie auf Ihre Werte und Glaubenssätze, die Sie sich nach dem Lesen des ersten Kapitel bewusst gemacht haben.

In Gesprächen ist das aktive Zuhören mindestens genauso wichtig wie Fragestellungen, die dem Gesprächspartner Interesse bekunden. Gute Beziehungen beginnen jedoch bereits beim Wahrnehmen. Und Wahrnehmung beginnt bekanntlich mit den Sinnen. Steuern Sie daher Ihre innere und äußere Wahrnehmung. Jeder Gedanke hat Wirkung. Jeder Gedanke hat einen Sinn.

Die Dokumentation

Was machen Sie, wenn Sie privat eine nette attraktive Person kennengelernt haben? Sie versuchen so viel wie möglich, über die Person zu erfahren. Sie notieren sich zu Hause die wichtigsten Daten wie Adresse, Telefonnummer, Geburtstag. Je besser Sie die Person kennenlernen wollen, desto mehr notieren Sie sich: Interessen, Hobbies, Lieblingsspeise bzw. Getränk. Egal ob privat oder beruflich. Sie übertragen die Daten von der Visitenkarte in Ihre Adressendatei und ergänzen persönliche Präferenzen. So erleichtern Sie sich den nächsten Kontakt mit dieser Person.

Die Beziehungspflege

Halten Sie regelmäßig Kontakt zu Ihrem Netzwerk. Einige Großunternehmen setzen für diesen Zweck sogenannte Beziehungsmanager ein.

Grundsätzlich sollten Sie sich entscheiden, welche Teilnehmer zu Ihrem Qualitätsnetzwerk - also zur engeren Wahl gehören - und welche Teilnehmer pauschal angesprochen werden können.

Ein Beispiel:

Vor Jahren arbeitete ein mir bekannter Beziehungsmanager in einem amerikanischen Computerkonzern. Sein Büro hatte er in Amsterdam. Dort war die europäische Zentrale für globale Servicedienstleistungen. Von der ganzen Welt wurden Kunden - hauptsächlich Führungskräfte, Manager und Entscheider - nach Amsterdam eingeladen, um sich über die Servicedienstleistung und die Servicequalität des Computerkonzerns einen Überblick zu schaffen. Die einzige Aufgabe des Beziehungsmanager bestand darin, den eingeladenen Vorständen und Entscheidern ein Rundum- Wohlfühlpaket zu bieten. Tagsüber wurden diese mit technischen Einzelheiten versorgt. Abends mit einem Freizeitprogramm, angefangen von einer Stadtbesichtigung, über eine Schifffahrt in den schönen Grachten, weiter zu einem Abendessen in einem der unzähligen erstklassigen Amsterdamer Restaurants bis hin zur nächtlichen Führung durch den berühmten Amsterdamer Red-Light-Distrikt. Daraus entstanden dann meist sehr gute Kundenbeziehungen.

Beziehungen weiter pflegen

Nach dem ersten persönlichen Kennenlernen sollten die neuen Beziehungsnetzwerkmitglieder per E-Mail oder Telefon permanent kontaktiert werden. Dieses aber immer unter der Berücksichtigung der persönlichen Präferenzen und Standpunkte der Beziehungspartner. Massenansprachen sind unbedingt zu vermeiden. Ein persönliches Treffen zumindest zweimal pro Jahr ist ebenfalls sehr zu empfehlen, um die gegenseitige Vertrauensbasis abzusichern. Dabei schaffen und suchen Sie permanent weitere Gemeinsamkeiten. So bieten Sie ihrem Beziehungspartner einen Beziehungsnutzen. Schlussendlich vergessen Sie Lob und Anerkennung nicht.

Beziehungsmanagement als zentrale Führungsaufgabe

Beziehungsmanagement und Kommunikation sind für den Performer zentrale Führungsaufgaben. Diese müssen strategisch geplant und umgesetzt werden. Unternehmensführung hat sich heute zum Beziehungs- und Kommunikationsmanagement entwickelt. Management ist Kommunikation. Kommunikation ist zwar kein Allheilmittel, um jedes Problem zu lösen. Aber Kommunikation und Beziehungsmanagement sind wirksame Führungswerkzeuge, ohne die sich die Personal-, Führungs- und Organisationsentwicklung nicht entfalten kann.

Das Beziehungs- und Kommunikationssystem eines Unternehmens muss in einem hohen Maße leistungsfähig sein. Es muss schnell, flexibel, präzise und effizient arbeiten.

Kommunikationstempo:

Nationale und internationale Zielgruppen müssen schnell und zeitgleich erreicht werden. Eine Unternehmensleitung muss in der Lage sein, in dringenden Fällen ihre Mitarbeiter sofort ansprechen zu können. Der Einsatz von E-Mail- und Fax-Verteilern ist in diesem Punkt jedem gedruckten Medium überlegen.

Reaktionsfähigkeit:

Veränderungen der Geschäftstätigkeiten und Marktverhältnisse müssen unverzüglich integriert werden. Daher ist es notwendig, bestehende Kommunikationsmedien regelmäßig zu überprüfen.

Lernvermögen:

Die Kommunikations- und Beziehungsprozesse müssen von allen Mitarbeitern verstanden werden. Vorhandenes Wissen muss zugänglich gemacht werden. Die Kompetenzen des Personals müssen mit den Visionen und den Zielen der Firma verknüpft werden.

Bewertung der Informationen:

In den Unternehmen werden zu viele Informationen verteilt. Auch hier schlägt die „Zuvielisation" zu. Zur Strukturierung der Informationen gehört die Entscheidung der Führungskräfte, was verteilt, lediglich zugänglich gemacht oder gar nicht publiziert werden soll. Man muss sich auch einmal trauen, etwas wegzuwerfen.

Dialog:

Die Zeit des „Alle hören auf mein Kommando" ist ebenso vorbei, wie die bloße Informationsdusche von oben nach unten. Daher muss Erfolg versprechende Kommunikation von unten nach oben ebenso durchlässig sein wie horizontal zwischen den Abteilungen und Bereichen. Sie muss nicht nur vermitteln, was die Mitarbeiter wissen sollen, sondern auch was sie wissen wollen. Effektive Kommunikation fängt mit dem Zuhören an und geht auf die Bedürfnisse, Ängste und Sorgen der Mitarbeiter ein.

Zeit:

Die Mitarbeiter wollen ein Maximum an nützlichen Informationen in einem Minimum an Zeit konsumieren. Druck, Stress und Zeitnot am Arbeitsplatz führen dazu, dass Mitarbeiter immer weniger Zeit haben, Beziehungen zu pflegen und richtig zu kommunizieren.

Wissen und Beweglichkeit sind die entscheidenden Ressourcen dieses Jahrhunderts. Deshalb werden nur die Unternehmen am Markt gewinnen, die die Nase vorne haben und die durch effektives Beziehungs- und Kommunikationsmanagement und leistungsfähige technische Systeme die Motivation der Beschäftigten nachhaltig erhöhen. Die Mitarbeiter werden im Gegenzug ihre Kenntnisse und Erfahrungen mit ihrer Firma teilen und dem ständigen Wandlungsprozess aufgeschlossen gegenüberzustehen.

Erfolgsfaktor:

Warum wird Beziehungsmanagement und Kommunikation zum entscheidenden Wettbewerbsfaktor? Das Internet erobert als weltumspannendes Netzwerk immer weitere Bereiche in der Wirtschaft und im privaten Umfeld. Neue Firmen mit völlig neuen Geschäftsgebieten etablieren sich. Kaum eine Woche vergeht ohne Ankündigung einer Unternehmensfusion. Die Veränderungen in der Wirtschaft und die Globalisierung führen zu einer Konzentration unter den Großkonzernen und das Eingehen weltweiter, strategischer Allianzen. Die kleinen und mittleren Unternehmen müssen innovative aber auch werteorientierte neue Wege gehen. Nur so können sie sich in einem wettbewerbsintensiven Umfeld positionieren und behaupten.

Das Tempo der Veränderungen in der Technik und auf den Märkten nimmt mehr und mehr zu. Wer im globalen Rennen um die besten Plätze nicht schnell und flexibel agiert, verliert.

Unternehmer und Mitarbeiter müssen sich über das weitere geschäftliche Vorgehen gemeinsam verständigen. Zwischenzeitlich sind Beziehungen und Kommunikation zum „kritischen Erfolgsfaktor" geworden. Beziehungen und Kommunikation müssen einfach „funktionieren".

Untersuchungen weisen darauf hin, dass die Beziehungs- und Kommunikationsabläufe eines Unternehmens letztlich die einzig verbleibenden Wettbewerbswaffen sind. Alle anderen Faktoren wie Kosten, Technik, Vertrieb, Herstellung, und Produkteigenschaften lassen sich früher oder später von Konkurrenten kopieren.

Beziehungs- und Kommunikationsmanagement wird somit zu einem Eckpfeiler des Firmenerfolgs.

Wenn kleine und mittlere Unternehmen ihre internen Abläufe effizient ausrichten, das Beziehungsmanagement nutzen und die Kommunikationsprozesse beherrschen, können sie auch mit großen Konzernen konkurrieren. Denn sie sind einfach schneller.

Zur Etablierung des Wettbewerbsvorteils nutzen Performer folgende Vorgehensweisen.

Flurfunk:

Meist verbreiten sich wichtige Botschaften nicht vom Management gesteuert, sondern über Gerüchte, „Flurfunk" und informelle Wege. Die Verkündigung von Zielen und Vorhaben sollte aber systematisch geplant, organisiert und evaluiert werden. In der Regel reicht es dabei auch nicht aus, etwas nur einmal zu sagen. Alternativ nutzen Sie den Flurfunk als Führungsinstrument. Mischen Sie sich unter das Volk aber geben Sie sich zu erkennen. Sie geben den Mitarbeitern dann das Gefühl, dass die Führungskraft einer von ihnen ist.

Der Irrglaube, wer schreibt der bleibt

Mündliche Kommunikation wird meist schriftlich erledigt. Leider herrscht in vielen Firmen das Motto: Wer schreibt, der bleibt. Es ist wichtig, ein Klima des Vertrauens zu schaffen. Ein Irrglaube ist es zu denken, dass durch ausreichend verteiltes Papier die Mitarbeiter die Botschaften verstehen und akzeptieren würden. Die Wirkung des persönlichen Gesprächs ist groß, die schriftliche Kommunikation hingegen oft kontraproduktiv.

Hier gilt noch immer:

Emotion schlägt Information!

Trainieren, trainieren, trainieren

Informationen und Wissen sind oft „Besitzstand" des Managements und werden nicht weitergegeben. Solch ein Verhalten signalisiert im besten Fall Unsicherheit oder Gedankenlosigkeit und führt im schlechtesten Fall zur Demotivation der

Mitarbeiter. An diesem Beziehungs- und Kommunikationsverhalten lassen sich der Zustand und die Qualität des Managements ablesen. Kommunikationsprobleme sind in der Regel Managementprobleme. Trainieren Sie daher Ihre Führungskräfte in Bezug auf das Beziehungs- und Kommunikationsmanagement.

Häufig werden Informationen unbearbeitet und unkommentiert weitergegeben und „vervielfältigt". Mit diesem Verhalten soll einerseits dem Vorwurf begegnet werden, man informiere zu wenig, andererseits sollen andere sich die Mühe machen, Wichtiges herauszusuchen. Die Bequemlichkeit des einen wird zum Problem für den anderen. So ist es beispielsweise immer sinnvoller, in vollem Umfang zu informieren, dadurch erspart man sich unnötige Diskussionen.

Das Mitdenken und „Mitziehen" der Mitarbeiter entscheidet über den Erfolg oder Misserfolg von Geschäften. Kommunizieren Sie nicht nur dann, wenn ein besonderer Anlass vorliegt (zum Beispiel Jubiläum oder Geschäftsabschluss). Regelmäßiges Beziehungs- und Kommunikationsmanagement sollte zum selbstverständlichen Teil der Arbeit werden. Unangenehm wird es nur dann, wenn die Quantität der Kontakte höher als die Qualität bewertet wird. Darauf sollten Sie auf jeden Fall achten! Als Beispiel möchte ich hier die Freundesliste bei Facebook nennen. Es ist schon erstaunlich, wie viele „Freunde" man in kurzer Zeit sammeln kann.

Für die Einführung und Verbesserung eines Beziehungs- und Kommunikationsmanagements empfiehlt der Performer ein schrittweises Vorgehen. So können Erfahrungen gesammelt und das Know-how langsam aufgebaut werden.

▸ Erster Schritt: Zuerst müssen die Kommunikationsabläufe kritisch geprüft werden. Welche Abläufe bieten den Mitarbeitern wirklichen Nutzen für die tägliche Arbeit und wo rauben langatmige Ausführungen die Zeit und meist auch die Nerven der Beteiligten?

▸ Zweiter Schritt: Dort, wo die Defizite am Gravierendsten sind, wird angesetzt: „First things first", heißt die Devise. Die größten „Bremser" und Blockaden werden anhand von Gesprächen und Checklisten, die auf das jeweilige Unternehmen anzupassen sind, identifiziert und dann eliminiert.

▸ Dritter Schritt: Es ist klar zu definieren, welche Personen für welche Aufgaben zuständig und verantwortlich sind. Wichtig ist auch abzuklären, wer zukünftig für das Beziehungsmanagement und die Kommunikation im Unternehmen verantwortlich ist. Diese Person sollte einfühlsam, kommunikativ und zielorientiert sein. Überlegen Sie, wer in Ihrem Unternehmen dafür geeignet sein könnte.

Kommunikation ist Chefsache!

Unternehmer und Führungskräfte sind im Rahmen ihrer operativen Verantwortung für das Geschäft auch zuständig für die Beziehung und Kommunikation mit den Mitarbeitern.

Selbstverständlich können einzelne Aufgabenbereiche und Tätigkeiten zur Lösung von Beziehungs- und Kommunikationsproblemen an Mitarbeiter oder Teams delegiert werden, ebenso die Ausarbeitung von Prozessen oder Methoden. Hierbei ist wichtig, die Zuständigkeiten und die Art der Zusammenarbeit genau zu definieren. Die Verantwortung bleibt aber ganz klar beim Chef.

▶ Vierter Schritt: Wenn nicht genügend Personalkapazität
und Fachwissen im Unternehmen vorhanden ist, empfiehlt
es sich, so früh wie möglich externe Partner mit einzuschal-
ten. Dies können PR-Agenturen, Freie Journalisten, Hoch-
schulinstitute, Fachhochschulen oder andere Institutionen
sein. So bleiben Sie flexibel, besonders in Krisenzeiten, zum
Beispiel bei Fusionen, Verlagerung von Geschäftsbereichen,
neuen Kooperationen, Unfällen oder Akzeptanzproblemen.
Auch die Einbeziehung externer Kommunikationsprofis und
Beziehungsexperten kann, wie gesagt, sehr hilfreich sein.

So begeben Sie sich Schritt für Schritt auf den Weg zu einer
besseren Kommunikation. Ein effektives Beziehungs- und Kommunikationsmanagement hat folgende Vorteile:

▶ rasche Informationsverarbeitung und Entscheidungsfindung im Unternehmen
▶ beschleunigte Umsetzung von Plänen und Projekten
▶ Steigerung der Produktivität bei Veränderungsprozessen
▶ hohe Mitarbeitermotivation und -loyalität

Nutzen Sie diese Vorteile für sich. Orientieren Sie sich stets
an folgender oft zitierter Aussage:

GESAGT ist noch nicht GEHÖRT,
GEHÖRT ist noch nicht VERSTANDEN,
VERSTANDEN ist noch nicht AKZEPTIERT,
AKZEPTIERT ist noch nicht GEMERKT,
GEMERKT ist noch nicht MOTIVIERT,
MOTIVIERT ist noch nicht BEGONNEN,
BEGONNEN ist noch nicht FERTIGGESTELLT
FERTIGGESTELLT ist noch nicht VERKAUFT.

Nachtrag zum Thema Twitter: Kommunikation oder sinnloses Geschwätz?

Pear Analytics hat englischsprachige Nachrichten aus der öffentlichen Twitter-Zeitleiste untersucht. In einer aktuellen Studie aus 2009 stuft Pear Analytics 40 Prozent der Twitter-Kommunikation als „sinnloses Geschwätz" ein. 37,6" „Dialoge". 8,7 Prozent seien Hinweise auf Websites und Meldungen, die der jeweilige Twitter-Nutzer für interessant oder unterhaltsam hält und sie deshalb weiterleitet. In die Kategorie „News" fallen 3,6 Prozent, als "Spam" wurden 3,75 Prozent klassifiziert.

Darüber hinaus haben die Analysten auch Veränderungen in Bezug auf die getwitterten Inhalte im Tages- und Wochenverlauf festgestellt. Hinweise auf Meldungen und Websites werden demnach besonders gerne kurz vor der Mittagspause und vor allem montags publiziert. Viele davon sind Re-Tweets. News werden etwas häufiger gegen 14 Uhr und vor allem dienstags getwittert.

Die Twitter-Spammer bevorzugen dagegen weder eine besondere Tageszeit noch einen bestimmten Wochentag. Im Vergleich zu E-Mail ist das gesamte Spam-Aufkommen mit weniger als vier Prozent aber sehr gering. Um in der Flut des sinnlosen Geschwätzes den Überblick zu behalten, empfiehlt Pear Analytics Nutzern, ihre Nachrichten zu filtern.

Kleine Checkliste für Ihr Beziehungsmanagement:

1. Wer ist in Ihrem Unternehmen zuständig für Dienstleistungen in der innerbetrieblichen Kommunikation?
2. Sind die Verantwortlichkeiten klar ausgewiesen und überschneidungsfrei?

3. Verfügt die Person oder das Team über praktische Erfahrungen mit professioneller Kommunikationsarbeit oder entsprechende Berufsausbildungen? Ein guter Ingenieur oder Kaufmann ist nicht automatisch ein gewiefter Kommunikationsprofi.

4. Sollen die Mitarbeiter des Teams Weiterbildungsmaßnahmen besuchen, um ihr Wissen zu aktualisieren?

5. Wenn Sie selbst die interne Kommunikation in Personalunion mit anderen Geschäftsfunktionen übernehmen, wer arbeitet Ihnen dann zu?

6. Sind die Verantwortlichen für interne Kommunikation auch wirklich in der Lage, sich im Alltag des Geschäfts um dieses Feld zu kümmern?

7. Haben diese genügend Zeit, um ihren Verantwortungsbereich auszufüllen oder ist er nur einer unter vielen, der im Ernstfall immer zu kurz kommt. Schließlich gibt es ja Wichtigeres zu tun ...?

8. Verfügen die Verantwortlichen für interne Kommunikation über ein angemessenes und ausgewiesenes Budget oder müssen sie immer wieder aufs Neue nach Kostenstellen suchen, um Rechnungen bezahlen zu können?

9. Welche Aufgaben können und wollen Sie mit internen Mitarbeitern bewältigen?

10. Wollen Sie eine konsequente Politik des Outsourcings einschlagen? Beachten Sie, dass Sie Kernbereiche des internen Beziehungsmanagements und der Kommunikation sich nicht von einem Berater oder einer Agentur abjagen lassen sollten - auch nicht für viel Geld.

F WIE FLEXIBILITY

Das Wort Flexibilität ist heutzutage wohl eines der am häufigsten verwendeten Wörter, wenn es um kurzfristige Handlungen geht. Dies ist auch kein Wunder, wenn man bedenkt, wie schnell sich heute alles um uns herum ändert. Galt in der Vergangenheit unter anderem eine Festeinstellung in einem großen Unternehmen als lebenslange Jobgarantie, gibt es heute nichts, was wirklich sicher ist und über einen längeren Zeitraum unverändert bleibt.

In diesem Kapitel wird das Thema Flexibilität vor allem in Bezug auf das Privat- / Berufsleben und die Wirtschaft betrachtet. Am Ende dieses Kapitels erhalten Sie noch einige Tipps, wie Sie Flexibilität erlernen können. Jetzt wollen wir das Wort Flexibilität und seine Bedeutung und Auswirkung etwas näher betrachten.

Das Wort Flexibilität hat in den verschiedenen Bereichen wie der Psychologie, der Technik, der Naturwissenschaft und der Wirtschaft unterschiedliche Bedeutungsnuancen. Während sich das Wort Flexibilität in der Psychologie auf die Fähigkeit bezieht, sich im Leben auf die sich wechselnden Situationen beweglich anzupassen (vgl. Brockhaus Enzyklopädie 28), versteht man in der Medizin darunter unter anderem die Anpassung von Sinnesorganen an die jeweilige Reizgröße (vgl. Wikipedia). Im wirtschaftlichen Bereich versteht man unter Flexibilität eher die langfristige Anpassungsfähigkeit organischer Systeme in Sinne einer dauerhaften Zielerreichung (vgl. Gablers Wirtschaftslexikon).

Ausgehend von der lateinischen Ableitung *flectere* (biegen oder beugen) ist mit dem Wort Flexibilität unweigerlich eine gewisse Bandbreite verbunden, in welcher sich etwas biegen oder beugen kann, ohne sich selbst zu zerstören. Dies bezieht sich sowohl auf den Menschen an sich als auch auf Materialien und sogar auf soziale Systeme. Auf den Menschen bezogen kann Flexibilität sowohl für Spannung und Abwechslung sorgen als auch für Stress und innere Unsicherheit. Flexibilität bedeutet aber auch, neue Wege zu beschreiten und Kompromisse einzugehen.

Flexibilität im privaten und beruflichen Umfeld

Eine gewisse Flexibilität kann für Spannung und Abwechslung im Alltag sorgen. Wobei man Flexibilität an dieser Stelle nicht mit einem planlosen Handeln gleichsetzen sollte, denn genau das Gegenteil ist hier meist der Fall. Im Normalfall hat es der Mensch in vielen Bereichen seines Lebens mit gewissen Dingen zu tun, die er nahezu jeden Tag durchführt - Routineaufgaben. So ist bei vielen von uns der morgendliche Ablauf fast immer gleich: Man steht zu einer festen Uhrzeit auf, frühstückt nahezu immer das Gleiche - oder auch gar nichts und fährt jeden Tag den gleichen Weg zur Arbeit. Wie beim Autofahren laufen die Programme ohne großes Nachdenken wie von alleine ab.

Doch sobald sich auch nur eine Kleinigkeit ändert, kommt unser Routineablauf ins Stocken und wir müssen - meist ungewollt - flexibel darauf reagieren. So kann eine Straße auf dem Weg zur Arbeit aufgrund eines Unfalles blockiert sein und wir müssen einen anderen, uns vielleicht unbekannten Weg zu unserem Ziel finden. Ein anders Beispiel ist eine kurzfristig anberaumte Besprechung mit Ihrem Chef, welche Ihren Tagesablauf komplett über den Haufen wirft.

Wann immer von Ihnen eine gewisse Flexibilität gefordert wird, bedenken Sie, dass Sie kaum jemand oder etwas zur Flexibilität zwingen kann. So können Sie trotz eines Unfalls auf dem Weg zur Arbeit auf der Straße bleiben und warten, bis die Straße wieder freigegeben ist. Alles ist eine Frage der möglichen, sich aus der Situation ergebenden Konsequenzen. Sie können auch die Ihnen von Ihrem Chef aufgetragene Mehrarbeit ablehnen, müssen aber gegebenenfalls mit Auswirkungen rechnen.

Natürlich gibt es hier auch Ausnahmen. Dann nämlich, wenn Sie beispielsweise an einem Samstag einen schönen Nachmittag mit der Familie geplant hatten und sich eines Ihrer Kinder beim Klettern den Arm bricht. Spätestens an dieser Stelle werden Sie zu einer gewissen Flexibilität gezwungen, da Sie auf die Situation zeitgerecht reagieren müssen und es keine akzeptablen Alternativen gibt. Sie müssen Ihre schönen Pläne über den Haufen werfen.

Wenn Sie nicht gerade durch einen Unfall zur Flexibilität gezwungen werden, suchen Sie im Bedarfsfall nach möglichen Alternativen und bieten Sie diese gegebenenfalls an. So könnten Sie im privaten Bereich Ihrem Partner bei der Auswahl eines Restaurants zwei oder drei Möglichkeiten vorschlagen. So schlagen Sie beispielsweise ein chinesisches und ein italienisches Restaurant vor, wenn für Sie beides akzeptabel ist. Sie zeigen sich damit auch flexibel

Eine vergleichbare Situation kann es durchaus im beruflichen Umfeld geben. Wenn von Ihnen zu viele Aufgaben in einer bestimmten Zeit erledigt werden müssen, bieten Sie Ihrem Vorgesetzten ebenfalls mehrere Alternativen an, was Sie in der verbleibenden Zeit noch alles erledigen können. Letztendlich muss er dann entscheiden, an welchem Thema Sie weiterarbeiten sollen.

Doch wie flexibel sind Sie? Haben Sie einen Tages- oder Masterplan, in dem alle Ihre nächsten Schritte und Tätigkeiten genauestens festgelegt sind, oder haben Sie überhaupt keinen Plan und richten sich nach dem, was auch immer auf Sie zukommt?

Die allerwenigsten Menschen haben einen Plan, den sie stur abarbeiten bzw. einhalten. Der Grund hierfür dürfte darin liegen, dass nur die wenigsten Menschen genaue private und berufliche Ziele haben. Doch wer sich nur einfach so treiben lässt, ist wie ein Blatt im Wind. Dies ist nicht immer von Vorteil.

Die beiden dargestellten Szenarien (mit oder ohne Planung) zeigen, dass die Lösung in der Mitte liegt. Wenn Sie Erfolg haben wollen, brauchen Sie mehr als nur eine vage Idee, was Sie privat und beruflich alles erreichen wollen. Sie benötigen eine Roadmap, die Ihnen aufzeigt, wie Sie von Ihrer derzeitigen Situation aus Ihre Ziele erreichen können. Diese Roadmap muss so flexibel gestaltet sein, dass Sie jederzeit auf plötzliche Veränderungen reagieren können.

Wenn man über Flexibilität spricht, muss man dabei auch berücksichtigen, dass sich diese immer auf etwas wie Zeit und Ressourcen im weitesten Sinne bezieht. So kann von Ihnen eine gewisse zeitliche Flexibilität gefordert werden oder aber eine zusätzliche Leistung in Form von Geld oder psychische und physische Hilfe. Dann zum Beispiel, wenn Sie jemand um Rat fragt oder Sie bittet, ihm bei der Ausarbeitung eines Vortrages zu unterstützen. Die Zeit, die Sie dann für diese Unterstützung aufwenden, hatten Sie bestimmt für etwas anderes eingeplant.

Vielleicht ist Ihnen ja schon aufgefallen: Je häufiger eine Person flexibel auf die Anfragen anderer Personen reagiert, desto häufiger wird man auch auf diese zukommen. Dies liegt daran, dass man von sich aus in erster Linie nur die Menschen um etwas bittet, von denen man eine positive Antwort erwartet. So wird ein Vorgesetzter wegen einer anfallenden Mehrarbeit zunächst die Mitarbeiter ansprechen, von denen er sich sicher ist, dass diese die Aufgabe tatsächlich übernehmen (fachliches Können vorausgesetzt). Auf Mitarbeiter, die eine Mehrarbeit generell ablehnen und somit diesbezüglich unflexibel sind, wird der Vorgesetzte nur im äußersten Notfall zugehen.

Trotz aller Notwendigkeit sollten Sie bedenken, dass nicht jeder Mitarbeiter auf gewisse kurzfristige Dinge flexibel reagieren kann. So ist ein Mitarbeiter, der sein Kind bis zu einer bestimmten Uhrzeit aus dem Kindergarten abholen muss, zeitlich gebunden. Er muss zu einer bestimmten Zeit seinen Arbeitsplatz verlassen und hat keinen zeitlichen Spielraum.

Flexibilität hat aber nicht nur etwas mit Zeit oder erforderlichen Ressourcen zu tun. Bei ihr geht es auch um mögliche Alternativen und Kompromisse. Eng verbunden damit sind die geistige Flexibilität und das persönliche Risikoverhalten zu sehen. Wer eine eher positive Lebenseinstellung hat, reagiert im Allgemeinen viel leichter auf unvorhergesehene Ereignisse. Auch Menschen mit einem großen Freundeskreis zeigen sich oftmals flexibler als diejenigen, die nur wenige Freunde haben. Näheres wird hierzu im Abschnitt „Flexibilität kann man erlernen" ausgeführt..

Im Folgenden gehen wir noch auf die Auswirkungen der Flexibilität im Hinblick auf unser persönliches Verhalten ein. Wann immer Sie sich flexibel zeigen wollen oder müssen: Achten Sie darauf, dass Sie nicht ausgenutzt werden. Zeigt sich beispielsweise die andere Person im umgekehrten Falle ebenfalls flexibel, wenn Sie mal deren Hilfe benötigen? Zudem sollten Sie auch nicht das Gefühl haben, fremdgesteuert zu sein. Dies ist beispielsweise dann der Fall, wenn immer nur die anderen Ihnen sagen, was Sie tun und lassen sollen. Die Folge davon ist unnötiger Stress. Solch ein Verhalten ist besonders oft bei Führungskräften im mittleren Management zu beobachten. Auf der einen Seite beeinflusst das Topmanagement den Terminkalender dieser Manager und auf der anderen Seite die unerwarteten Ereignisse aus dem Tagesgeschäft. Diese Situation lässt sich nur durch ein klares, mit dem Vorgesetzten vereinbartes Vorgehen und durch ein konsequentes Delegieren von Aufgaben an die eigenen Mitarbeiter vermeiden.

Wichtig für Sie ist, dass Sie trotz aller erforderlichen und geforderten Flexibilität nicht Ihre eigenen Ziele aus den Augen verlieren. Halten Sie sich Ihre persönlichen und beruflichen Ziele täglich vor Augen und überlegen Sie sich, was die geforderte Flexibilität für Sie und Ihre Ziele bedeutet. Stellen Sie sich immer wieder die Frage: „Was ist für mich wirklich wichtig?"

Einfluss der Flexibilität auf die Wirtschaft

Wenn es um das Thema Flexibilität im beruflichen Umfeld geht, denkt man als Erstes an flexible Arbeitszeiten, Lagerbestände oder Produktionsauslastungen. Um die gesetzten Unternehmensziele zu erreichen, muss ein Unternehmens möglichst flexibel auf die sich ergebende Marktänderungen reagieren können.

Auf der einen Seite benötigt ein Unternehmen eine gewisse Stabilität, um eine bestimmte Qualität auf Dauer aufrechterhalten zu können. Auf der anderen Seite muss es sich aber auch kurzfristig an neue Marktgegebenheiten anpassen können. Hier gilt es, die optimale Balance zu finden. Hinzu kommt, dass mit zunehmender Unternehmensgröße die unternehmerische Flexibilität sinkt, was sich wohl am ehesten mit den zunehmenden administrativen Aufwendungen und Prozessen erklären lässt. Manche Firmen versuchen, mit einem intensiven Verbesserungsvorschlagswesen oder mit einem kontinuierlichen Aufgabenwechsel (Job Rotation) entgegenzuwirken.

Die unternehmerische Flexibilität beginnt nicht erst im Alltag, wenn diese durch innere und äußere Einflüsse notwendig ist. Vielmehr beginnt diese schon bei der strategischen bzw. bei der jährlichen Unternehmensplanung. So gilt es im Rahmen der Planung nicht nur die lang-, mittel- und kurzfristigen Unternehmensziele zu definieren, sondern auch mehrere Möglichkeiten zu ermitteln, wie diese erreicht werden können.

Eine besondere Flexibilität ist insbesondere im Umgang mit Mitarbeitern erforderlich. Hier gilt es, einen guten Kontakt zum Einzelnen und zur Gruppe zu halten. Mitarbeiter lassen sich auf unterschiedliche Art und Weise motivieren. Hier ist die Flexibilität des Vorgesetzten gefragt. Die Flexibilität eines Unternehmens hängt im Wesentlichen auch von den Mitarbeitern und deren Einstellung zum Unternehmen ab. In einer sich laufend verändernden Welt sehnen sich die Mitarbeiter nach einer gewissen festen Struktur. Sie wollen wissen, was morgen auf sie zukommt. Anpassungswiderstände resultieren oftmals aus der Furcht heraus, sicher geglaubtes Terrain mit unbekanntem Ziel verlassen zu müssen. Eine Vergrößerung der Handlungsbereitschaft, sprich eine höhere Flexibilität, erreichen Sie als Vorgesetzter in erster Linie durch Vertrauen und dieses muss die Basis der Unternehmenskultur sein.

In Bezug auf flexible Arbeitszeiten wurden in der Vergangenheit insbesondere im Einzelhandel zahlreiche Versuche unternommen, den Mitarbeiterbedarf an die Kundenfrequenz bzw. Umsatzentwicklung anzupassen. Mathematisch lässt sich dieses Problem hervorragend lösen. Probleme gibt es nur bei der Umsetzung; denn welcher Verkäufer ist schon bereit, am Vormittag zu arbeiten, anschließend für zwei oder drei Stunden nicht beruflich tätig zu sein, um letztendlich am späten Nachmittag bzw. abends nochmals für vier bis fünf Stunden im Geschäft zu stehen. Für viele Angestellte lohnt sich dieses Modell aufgrund der oftmals langen Anfahrtswege zur Arbeit nicht.

Ein weiterer sehr wichtiger Aspekt neben flexiblen Arbeitszeiten ist die finanzielle Flexibilität eines Unternehmens; denn betriebliche Veränderungen sind oftmals mit finanziellen Investitionen verbunden. Dies hat unter anderem zur Folge, dass die Anpassungsfähigkeit eines Unternehmens in entscheidendem Maße auch von der Verfügbarkeit von Geldkapital abhängt (vgl. Meffert 1968). Aber auch die Fähigkeit einer Firma, entsprechend schnell auf neue interne und externe Situationen zu reagieren, ist für den betrieblichen Erfolg ausschlaggebend.

Unternehmerische Flexibilität ist aber nicht alles, es kommt letztendlich in einem Unternehmen auf die richtige Balance zwischen Flexibilität und Stabilität an, um langfristig erfolgreich am Markt bestehen zu können.

Flexibilität kann man erlernen

Flexibilität beruht auf Wissen, Erfahrung und persönlicher Einstellung Neuem gegenüber. Ein weiterer Gesichtspunkt ist das persönliche Naturell. Es gibt Menschen, die neuen Dingen und Personen offen gegenübertreten, aber es gibt auch Menschen, die von sich aus eher introvertiert sind. Folgende Tipps und Hinweise helfen Ihnen, auf Unvorhergesehenes ein wenig flexibler und gelassener zu reagieren.

1. Positive Grundeinstellung

Flexibilität heißt unter anderem, auf eine neue Situation meist sehr kurzfristig reagieren zu müssen. Dies gelingt Ihnen wesentlich leichter, wenn Sie über eine positive Grundeinstellung gegenüber Veränderungen im Allgemeinen, verfügen. Bewerten Sie etwas Unerwartetes nicht sofort negativ. Oftmals ergeben sich ungeahnte neue positive Möglichkeiten für Sie.

2. Wissen und Erfahrungen

Je größer Ihr Erfahrungsschatz ist und je mehr Sie wissen, desto leichter fällt es Ihnen, auf plötzliche Veränderungen zu reagieren. Nehmen wir mal an, Sie sollen die Vertretung für einen kranken Kollegen übernehmen. Je mehr Sie über dessen Arbeitsgebiet, seine Kunden oder die noch zu erledigenden Aufgaben wissen, desto sicherer fühlen Sie sich, wenn Ihr Vorgesetzter mit dieser Bitte auf Sie zukommt. In einer ähnlichen Situation befinden Sie sich, wenn Sie aufgrund eines Staus unerwartet eine neue Route zu Ihrem Ziel finden müssen. Zugegeben, die heutigen Handys und Navigationssysteme helfen einem dabei, auch solch eine Situation leicht und unkompliziert zu meistern.

Das hilfreiche Wissen bezieht sich aber nicht nur auf Ihr berufliches Umfeld. Kenntnisse über alle möglichen Dinge innerhalb und außerhalb Ihres alltäglichen Umfeldes können Ihnen hin und wieder weiterhelfen, wenn mal wieder etwas Flexibilität von Ihnen erwartet wird.

3. Persönliche Kontakte

Man kann nicht alles wissen und manchmal benötigt man auch die Hilfe anderer. Insbesondere dann, wenn etwas Außerplanmäßiges passiert. Zwei Punkte sollten Sie hierbei beachten: auf der einen Seite die Verhältnismäßigkeit einer Bitte, auf der anderen Seite die Häufigkeit der Inanspruchnahme. Wie bereits erwähnt sollten Sie sich - bevor Sie eine Person um Hilfe bitten - darüber klar sein, was Sie von dieser Person verlangen. Dies gilt für das private und das berufliche Umfeld gleichermaßen.

Um gegebenenfalls möglichst schnell auf die richtige Person zugreifen zu können, ist es besonders im Arbeitsbereich wichtig zu wissen, wer Ihnen wobei helfen kann. Erstellen Sie eine Liste, welche Personen Ihnen gegebenenfalls wobei helfen können. Aber Vorsicht! Vermeiden Sie auf alle Fälle, immer nur auf dieselben Personen zurückzugreifen; denn jede private und berufliche Beziehung ist nur bedingt belastbar. Außerdem: Wie reagieren Sie denn darauf, wenn jemand immer nur zu Ihnen kommt, wenn er etwas von Ihnen möchte?

Sollten Sie zu den Menschen gehören, die nicht gerne andere um etwas bitten, da Sie befürchten eine offene Schuld einzugehen, dann überlegen Sie sich vorab, was Sie der helfenden Person als Gegenleistung anbieten können. Sie haben aber auch die Möglichkeit, dies in einem direkten Gespräch mit der helfenden Person vorab zu klären.

Seien Sie sich aber bewusst, dass wir in einer komplexen, sich laufend verändernden Welt leben, in der man ohne die Hilfe anderer Personen nicht mehr auskommt.

4. Planen Sie Ihre Zeit richtig

Oftmals können wir nicht flexibel genug auf eine Situation reagieren, da wir schlicht und einfach keinen zeitlichen Freiraum haben, um entsprechend reagieren zu können. Verplanen Sie maximal 60 Prozent Ihrer täglich zur Verfügung stehenden Zeit. Reservieren Sie sich die verbleibende Zeit für Unvorhergesehenes. Denn gerade, wenn man so etwas nicht gebrauchen kann bzw. nicht damit rechnet, passiert das Unerwartete.

5. Alternativen erarbeiten

Wenn Sie auf etwas Unerwartetes flexibel reagieren müssen, sollten Sie nicht sofort den ersten Lösungsgedanken verfolgen und umsetzen. Je nachdem wie viel Zeit Ihnen für die Lösung zur Verfügung steht, sollten Sie sich über mögliche Alternativen Gedanken machen. Bei der Ausarbeitung dieser Alternativen kann Ihnen sowohl die Methode des „6-Hut-Denkens" von Edward de Bruno oder aber auch die des „Mind Mappings" weiterhelfen.

Bei der „6-Hut-Denk Methode" geht es darum, dass Sie sich nacheinander in die verschiedenen Rollen aller beteiligten Personen hineinversetzen und deren mögliche Denkweisen und Ansichten übernehmen bzw. untereinander abwägen.

Die Mind-Mapping-Methode bietet Ihnen die Möglichkeit - ausgehend von einem zentralen Punkt - verschiedene Alternativen sowie deren Vor- und Nachteile grafisch aufzubereiten. Zur einfachen und wirkungsvollen Handhabung sollten Sie das Papier am besten im Querformat nutzen und das eigentliche Schlüsselwort in der Mitte des Blattes notieren.

6. Entwickeln Sie einen Alternativplan

Je größer und komplexer Ihr Vorhaben ist, desto eher sollten Sie mögliche Alternativpläne erarbeiten, die auf einer zuvor durchgeführten Risikoermittlung und -betrachtung beruhen. Erstellen Sie vorab eine Liste mit möglichen Einfluss- und Störfaktoren und ordnen Sie diese Umstände nach der Häufigkeit der Eintrittswahrscheinlichkeit.

Wenn beispielsweise Ihre Firma umstrukturiert wird, sollte ein wesentlicher Faktor Ihrer Planung die Möglichkeit sein, dass Ihre Abteilung mit einem anderen Bereich zusammengelegt oder sogar aus der Firma ausgegliedert wird. All diese Möglichkeiten haben gewisse Konsequenzen, die wiederum eine erhebliche Auswirkung auf Ihre Planung haben.

Damit Sie gegebenenfalls schnell *und* flexibel auf solche Situationen reagieren können, sollten Sie Alternativpläne erarbeiten. Frei nach dem Motto: „Vordenken ist besser als Nachdenken."

Abschließend noch ein Tipp: Verschwenden Sie nicht Ihre persönliche Lebensenergie, Ihre Nerven und Ihre Zeit, indem Sie sich über Dinge aufregen, die Sie sowieso nicht ändern können. Eine Grundvoraussetzung von Flexibilität ist flexibles Denken. Es gilt, Alternativen zu finden, um neue Wege zu gehen, ohne das eigentliche Ziel (Ihr Ziel) aus dem Auge zu verlieren.

O WIE OPTIMISM

Viele erfolgreiche Personen sind Optimisten. Doch warum ist das so? Werden diese Menschen zu Optimisten, weil sie erfolgreich sind oder sind sie erfolgreich und werden dadurch zu Optimisten? Welche Auswirkungen hat Optimismus auf unsere Gesundheit, auf das Management eines Unternehmens? Und kann zu viel Optimismus schaden?

All dies sind Fragen, die in diesem Kapitel behandelt werden. Doch hier schon eine Antwort vorab: Optimisten leben länger, denn aus gesundheitspsychologischer Sicht ist es vorteilhaft, optimistisch zu sein. Optimisten sind nicht nur besser gelaunt, sondern auch physisch gesünder. Hinzu kommt, dass sie ein höheres Beharrungs- und Durchhaltevermögen als Pessimisten zeigen. Doch warum sind Optimisten im Allgemeinen erfolgreicher?

Warum Optimisten erfolgreicher sind

Optimismus und Pessimismus sind Geisteshaltungen. Während Optimisten in jeder Situation die Chancen und die sich daraus ergebenden Möglichkeiten sehen, rücken bei den Pessimisten eher mögliche Probleme und Hindernisse in den Fokus.

Die unterschiedliche Haltung zu einem faktisch identischen Sachverhalt kommt unter anderem daher, dass beide Parteien ein und dieselbe Situation unterschiedlich wahrnehmen und entsprechend ihrer inneren Haltung unterschiedliche Handlungsalternativen in Erwägung ziehen. Hinzu kommt, dass die Art der Informationsselektion dadurch maßgeblich mitbestimmt wird, für wie wahrscheinlich die jeweilige Partei die Möglichkeit hält, Kontrolle über die Situation auszuüben. So sehen sich Optimisten aufgrund ihres Handelns eher in der Lage Situationen zu kontrollieren als Pessimisten.

Befragt man Entscheider nach einer getroffenen Entscheidung, was sie veranlasst hat, in eine bestimmte Richtung zu tendieren, können sie den Grund dafür oft nicht genau angeben. Betrachtet man die Grundtendenz der Einstellung (optimistisch versus pessimistisch) sowie die Persönlichkeit der Entscheider und Teammitglieder, kann die getroffene Entscheidung unter Zuhilfenahme ausreichender Menschenkenntnisse allerdings durchaus nachvollzogen werden.

Entscheider sehen oftmals eher die Chancen als die Risiken. Dies kann auch dazu führen, dass man pozentielle Risiken unterschätzt. Die Folge kann ein Scheitern des Vorhabens sein. Dennoch glauben Optimisten an ihre Fähigkeiten und betrachten Probleme eher als Herausforderungen für sich und ihr Team, frei weg nach dem Motto: „Man wächst mit seinen Aufgaben.“

Optimisten sind „Ich kann!"-Denker, während Pessimisten eher die Risiken sehen und somit eher „Ich kann NICHT!" denken.

Optimisten wissen auch, dass sie nur etwas bewegen können, wenn sie entweder etwas richtig verändern bzw. machen oder aber neue Wege gehen, die keiner vorher gegangen ist. Das Risiko des Scheiterns nehmen sie dabei bewusst in Kauf bzw. hoffen, dessen Auswirkungen durch ihre Kreativität und ihr Können entsprechend zu reduzieren. All ihr Handeln führt dazu, dass Optimisten sowohl beruflich als auch finanziell meist erfolgreicher sind als Pessimisten.

Eine weitere Ursache für den Erfolg von Optimisten ist: Sie gehen mehr Dinge an und haben somit auch mehr Erfolgserlebnisse als Pessimisten. Die Summe ihrer Erfolge ist größer als die ihrer Misserfolge. Dieses Denken trifft man oft im Management an. Nur so lässt sich erklären, warum trotz des Scheiterns großer Vorhaben ähnliche Projekte in Angriff genommen werden.

Doch wie wird man zu einem Optimisten bzw. Pessimisten? Ausschlaggebend hierfür ist das jeweilige Umfeld. Sind Sie in einer Umgebung aufgewachsen, in der man Sie ermutigte, neue Dinge auszuprobieren und Fehler zu machen? In diesem Fall werden Sie sich eher zu einem Optimisten entwickelt haben, als wenn Ihre Kindheit durch ein „Sei vorsichtig!" oder „Pass doch auf!" geprägt worden ist. Das Gleiche gilt aber auch für Ihr heutiges Umfeld. Performer ermutigen ihr Umfeld bzw. ihre Mitarbeiter, innovative Wege zu gehen und sich selbst weiterzuentwickeln: Neue Herausforderungen werden nicht abgelehnt, sondern angenommen. Man lernt daraus. Nur wenn man weiß, wozu man fähig ist, kann man an seine Grenzen und darüber hinausgehen, was letztendlich zu einer optimistischen Lebenseinstellung führt.

Das Leben von Optimisten und Pessimisten wird von deren innerer Einstellung begleitet bzw. geprägt. Wenn man glaubt, dass einem etwas gelingt, besteht genauso eine Chance, dass diese Fiktion Realität wird, als wenn man glaubt, dass etwas nicht funktioniert. Das entsprechende Schlagwort hierfür ist „selbsterfüllte Prophezeiung". Pessimisten werden durch ihre schlechten Erfahrungen genauso in ihrem Pessimismus bestätigt wie Optimisten aufgrund ihrer Erfolgserlebnisse in ihrer Zuversicht.

Es liegt einmal mehr an Ihnen bzw. an Ihrer Einstellung, auf welcher Seite des Lebens Sie stehen.

Gesundheit und Optimisten

Man sagt, Optimisten leben länger. Doch warum ist das so? Eine Ursache dürfte in der inneren optimistischen Einstellung liegen. Dadurch, dass Optimisten positiv in die Zukunft schauen, gehen sie auch mit Stresssituationen anders um als Pessimisten, was zu einer geringeren Produktion von Stresshormonen führt. Somit sind Optimisten weniger von Burnout betroffen und haben ein viel geringeres Risiko für Herz-Kreislauf-Erkrankungen, was zu einer allgemein höheren Lebenserwartung führt. Hinzu kommt noch, dass bei optimistischen Personen das Lymphsystem aktiver ist und somit mehr zytotoxische T-Zellen produziert werden, die bei der Abwehr von Krankheitserregern eine wichtige Rolle spielen.

Auch das seelische Befinden zeigt sich bei optimistischen Menschen in besserem Zustand, da Optimisten eher positiv in die Zukunft schauen. Misserfolge und Niederlagen werden meist als etwas Kurzfristiges und Vorübergehendes gesehen. Oftmals gewinnen Optimisten gerade aus solchen vermeintlichen Niederlagen zusätzliche Energie, um das geplante Vorhaben letztendlich doch noch erfolgreich umzusetzen. Frei nach dem Motto: „Jetzt erst recht!" Deren Optimismus verhindert, dass sie resignieren, den Kopf in den Sand stecken und deprimiert sind bzw. werden.

Die positive Grundeinstellung von Optimisten führt unter anderem auch dazu, dass ihre Sinnesorgane besser funktionieren. Somit haben diese Menschen eine höhere Merkfähigkeit, sind kreativer und können in der Regel besser sehen und hören. Des Weiteren verfügen Optimisten meist über ein besseres allgemeines Wohlbefinden als Pessimisten, da das seelische und körperliche Wohlbefinden eng miteinander verknüpft sind.

Auswirkungen von Optimismus auf den Unternehmenserfolg

Gute Führungskräfte sind den allermeisten Fällen Optimisten. Hoffentlich hatten Sie schon mal die Gelegenheit, eine Rede einer wahren Führungspersönlichkeit zu lauschen, die Sie begeisterte, Sie motivierte und Sie regelrecht in ihren Bann zog. Eine Führungskraft, die so eine Rede hält, erzählt bestimmt nicht von dem, was alles nicht funktioniert hat und wie düster die Zukunft für das Unternehmen aussieht.

Gute Führungskräfte schaffen es, ihre Mitarbeiter durch eine Mischung von Optimismus, Realismus und Authentizität zu führen. Sie sind auch der festen Meinung, dass das, was sie sagen, auch umsetzbar ist. Unternehmen, die über einen längeren Zeitraum erfolgreich sind, werden und wurden von Führungskräften gesteuert, die von ihrer inneren Einstellung her sowohl optimistisch als auch realistisch waren bzw. sind.

Bei einer unternehmerischen Doppelspitze hat sich die Kombination aus einer eher optimistischen und einer eher realistischen, ja sogar leicht pessimistischen Führungskraft bewährt. Sind beide Führungskräfte von ihrer Grundeinstellung zu optimistisch, werden oft zu hohe Risiken in Kauf genommen, um die unternehmerischen Ziele zu erreichen.

Wird ein Unternehmen von einer oder mehreren eher pessimistischen Personen geführt, ist kaum ein Fortschritt zu erwarten, weder in technischer noch in organisatorischer Hinsicht. Es kommt zum Stillstand innerhalb des Unternehmens, was letztendlich durchaus zur Schließung und zum Konkurs führen kann.

Generell kann man sagen, dass der Erfolg eines Unternehmens unter anderem von der optimistischen Grundhaltung des Managements abhängig ist. Der Optimismus ist der Treibstoff unserer Wirtschaft. Jeden Tag werden neue Firmen gegründet. Die Gründer sind optimistisch, dass sie die eigenen Vorstellungen erfolgreich umsetzen können.

Ohne Optimismus könnte ein Verkäufer, der gerade vom zehnten Kunden in Folge eine Absage bekommen hat, nicht die erforderliche Energie aufbringen, um auf den elften Kunden zuzugehen bzw. ihn anzurufen. Auch all die Persönlichkeiten, die in Forschungsabteilungen oder als Ärzte tätig sind, benötigen Optimismus, damit sie jeden Tag aufs Neue motiviert an die Arbeit gehen. Der amerikanische Erfinder Thomas Edison benötigte - Überlieferungen zufolge - rund 3.000 Versuche, um herauszufinden, wie eine Kohlenfadenlampe aufgebaut sein muss, um dauerhaft zu funktionieren.

Große, erfolgreiche Firmen werden von Performern geführt, die über eine optimistische Geisteshaltung verfügen. Sie sind zwar auch durchaus pessimistisch gegenüber einigen Dingen, fokussieren sich aber auf die Lösungen und nicht auf auf mögliche Probleme.

Und gerade dieser Optimismus der Führungskräfte sorgt dafür, dass Firmen sich weiterentwickeln oder sich sogar neu erfinden. Denn ohne Hoffnung gibt es keine Zukunft, keinen Fortschritt und letztendlich kein Überleben. Dennoch bleibt festzuhalten, dass zu viel Optimismus durchaus schaden kann.

Kann zu viel Optimismus schaden?

Ein Pessimist würde diese Frage eher mit einem „Ja" beantworten, der Optimist eher mit einem „Nein". Auch hier kommt es auf ein gesundes Mittelmaß an.

Zu viel Optimismus kann sowohl für ein Unternehmen als auch für einen Privatmenschen schädlich sein. Insbesondere bei größeren Vorhaben überschätzen Führungskräfte laut einer Studie von Dan Lovallo und Daniel Kahneman (siehe HBM 10/2003) regelmäßig den Nutzen und unterschätzen die Kosten eines Vorhabens.

Als Beispiel sei hier die Entwicklung des Eurofighters genannt. Die letztendlichen Kosten für dieses Kampfflugzeug wurden um das ca. Vierfache des ursprünglichen Budgets überschritten, ganz zu schweigen von der rund zehnjährigen Verzögerung bei der Fertigstellung. Viele der mit hohen Kosten verbundenen Projekte werden zu spät fertiggestellt, sind teurer als geplant und entsprechen oftmals auch nicht den ursprünglichen Erwartungen.

Ein übertriebener Optimismus ist nicht die einzige Ursache für solche Fehlschläge. Hierfür gibt es sowohl psychologische als auch wirtschaftliche Gründe. Auf der einen Seite müssen sich Unternehmen laufend weiterentwickeln, um sich den jeweilig ändernden Marktbedingungen anzupassen, auf der anderen Seite aber spielen auch persönliche Gründe einer jeden Führungskraft eine wichtige Rolle.

Insbesondere neue Führungskräfte müssen sich in ihrer neuen Position erst einmal behaupten und versuchen dieses unter anderem durch die Durchführung neuer Projekte wie Umstrukturierung oder den Einstieg in neue Märkte zu erreichen, was immer mit einem entsprechenden Risiko verbunden ist.

Hinzu kommt noch, dass die Vergütung von Führungskräften in erster Linie nach dem erzielten Jahresergebnis und der Wertsteigerung bzw. dem Aktienkurs eines Unternehmens erfolgt, und solange die erzielten Gewinne höher sind als die durch gescheiterte Projekte anfallenden Kosten, ist aus Managementsicht alles in Ordnung.

Aber Vorsicht: Je größer das Vorhaben ist, desto schwieriger sind bestimmte Situationen zu kontrollieren bzw. auch einzuschätzen. Die Schwierigkeit steigt mit der Anzahl der Personen.. Zu viel Optimismus kann schädlich, wenn nicht sogar tödlich sein. Denn je mehr unbekannte Personen an einer Situation beteiligt sind, desto schwieriger ist es, die Sachlage einzuschätzen. Ein gesunder Optimismus gepaart mit einer leichten Portion Skepsis ist an dieser Stelle durchaus eine gute Kombination.

Doch auch im privaten Umfeld kann zu viel Optimismus schädlich sein, was durchaus bis zu einem Burnout führen kann. Dies ist oftmals dann der Fall, wenn man versucht, zu viele Dinge parallel zu erledigen. Eine weitere Begleiterscheinung ist dann, dass man zwar mehrere Dinge gleichzeitig zu erledigen versucht, aber mit keinem so richtig fertig wird. Somit kann zu viel Optimismus unter anderem dazu führen, auf Dauer mehrere offene Baustellen zu haben. Hinzu kommt dann noch, dass man jede Menge Zeit und gegebenenfalls auch Geld investiert hat - für „nichts". Auch Optimisten sollten sich des Öfteren die Frage stellen: „Was ist wirklich wichtig?"

Es gibt aber auch Situationen, in denen übertriebener Optimismus durchaus hilfreich sein kann. Immer wieder liest man in den Zeitungen von Menschen, die schwer krank waren, die aber jederzeit unerschütterlich an ihre Genesung glaubten und letztendlich tatsächlich gesund wurden. Als Beispiel sei hier nur der Mitbegründer der Partei „Die Grünen" in Baden-Württemberg, Clemens Kuby, genannt. Als bei ihm 1981 nach einem Sturz aus einem Fenster in 15 m Höhe eine Querschnittslähmung diagnostiziert wurde, versicherten ihm die Ärzte, dass er sich nie wieder werde frei bewegen können. Doch er behielt den Optimismus, glaubte fest an seine Genesung und innerhalb nur eines Jahres konnte er wieder laufen.

Eine gewisse optimistische Grundhaltung hilft uns, etwas leichter durchs Leben zu gehen. Gepaart mit einer Spur Skepsis und Realismus bildet Optimismus eine sehr gute Kombination, um ein erfolgreiches und glückliches Leben zu führen. Doch wie wir alle ebenfalls wissen: „Nur aus Schaden wird man klug." Somit ist es hier und da in Ordnung, optimistisch in die Zukunft zu blicken und gewisse Risiken einzugehen.

R WIE RESPECT

Ich habe immer diese halbstarken Jugendlichen vor Augen
– dunkle, lässige Lederklamotten, Drei-Tage Bart, gut gestylt,
aber seeehhhr cool. In typischer Pose, leicht in die Knie, dich
durchdringend anschauen. Dann holt der rechte Arm weit aus,
und mit Zeige- und Mittelfinger der Hand auf wird auf die eigenen Augen gezeigt. Dann kommt das Wort: RESPEKT! Du sollst
Respekt vor ihm haben.

Was bedeutet Respekt?

Das Wort Respekt kommt aus dem Lateinischen und bedeutet: das Zurückblicken, sich umsehen, die Rücksicht. Respektieren bedeutet: Achten und Anerkennen.

Im deutschen Sprachgebrauch gibt es gemäß Duden zwei Bedeutungen:

1. Auf Anerkennung, Bewunderung beruhende Achtung: [großen, keinen, einigen] Respekt vor jemandem haben, Respekt vor jemandes Leistung, Alter haben; (sehr beachtlich, anerkennenswert!).

2. Vor jemandem aufgrund seiner höheren, übergeordneten Stellung empfundene Scheu, die sich in dem Bemühen äußert, kein Missfallen zu erregen - eine respekteinflößende, sich Respekt verschaffende Person.

Führungskräfte, die Mitarbeiter haben, die gerne mit ihnen zusammenarbeiten sind bewundernswert. Sie verfügen über eine natürliche Achtung vor sich selbst und ihren Mitmenschen und strahlen diese auch aus.

Es gibt so viele bewunderungswerte Menschen: Programmierer zum Beispiel, die komplizierte Anforderungen in kurzen Codes elegant umsetzen, Call Center Agents, die mit viel Geduld und Einfühlungsvermögen die Kunden zufrieden stellen und dennoch ihre Ziele (Hard Facts) erreichen, Vertriebler, die neuen Kunden wunderbare Produkte und Projekte verkaufen, gute Redner, die ihr Podium in ihren Bann reißen und natürlich auch den einen und anderen Sportler.

Für Bewunderung liegt also eine besondere Leistung und Gabe vor, aufgrund derer wir den „nötigen" Respekt zollen. Und bei Anerkennung? Benötigt es für Anerkennung eine besondere Leistung? Benötigt Anerkennung überhaupt eine Leistung?

Respekt vor sich selbst, heißt schließlich nicht, in den Spiegel zu schauen und zu sagen: „Du bist toll!", sondern: „Ich achte Dich!". Unabhängig von jeglicher Leistung. Das ist nicht immer einfach, vor allem nicht in der heutigen Leistungsgesellschaft, in der hauptsächlich Erfolge zählen.

Der Respekt vor der eigenen Person setzt voraus, dass sich diese Person kennt - mit all ihren Stärken und Schwächen. Die meisten Führungskräfte und Projektleiter haben im Laufe ihrer Karriere sich und ihre Fähigkeiten recht gut kennengelernt. Der Umgang mit den eigenen Stärken fällt leicht, da sich hier die Erfolge häufig einstellen. Letztendlich kann man sich bei Erreichung des Ziels freuen und sich selbst auf die Schulter klopfen.

Der Umgang mit den eigenen Schwächen ist etwas diffiziler. Als Führungskräfte haben wir gelernt, Aufgaben, die nicht in unserem Stärkenbereich liegen, an Experten zu delegieren. Eine weise und praktische Handhabung, solange es sich um Dinge handelt, die man abarbeiten kann. Denn jeder Mensch hat spezifische Stärken und Schwächen. Die Herausforderung liegt darin, diese zu erkennen und sie zu stärken und zu nutzen.

Hierbei fällt mir eine kleine Geschichte aus der Tierschule ein, die ihnen vielleicht schon bekannt ist. Ich habe sie jedoch gerne im Hinterkopf, wenn es um die Zuweisung von neuen Aufgaben für meine Mitarbeiter geht.

Eine kleine Geschichte aus der Tierschule

Der Rat der Tiere hat beschlossen, dass alle Tierkinder zur Schule gehen sollen. Ziel ist es, allen Tierkindern die gleiche Ausbildung zu ermöglichen, sodass alle die gleichen Chancen haben. Neben Lesen, Schreiben und Rechnen wird auch auf Sport besonderen Wert gelegt. Der kleinen Ente macht das Schwimmen besonders großen Spaß. Es fällt ihr leicht und sie gehört zu den Klassenbesten. Beim Laufen bekommt sie jedoch schlechte Noten und der Sportlehrer rät der kleinen Ente, sie soll doch mehr trainieren. Dann könnte sie ihre Gesamtnote noch verbessern. Denn im alljährlichen Sportfest wird der beste Sportler des Jahres gekürt. Der kleinen Ente fällt das Laufen wirklich schwer, aber sie ist auch sehr ehrgeizig. Also trainiert sie jeden Morgen vor dem Unterricht. Die Fortschritte sind gering, obwohl sie sich die Füße wund läuft. Der Sportlehrer unterstützt sie, gibt ihr einen individuellen Trainingsplan und feilt an ihrer Lauftechnik. Doch das ententypische Watscheln bleibt. Viel schlimmer - die Schwimmhäute ihrer Füße reißen auf und machen das Laufen noch schwerer. Das Sportfest wird für die kleine Ente zum Desaster. Im Laufwettbewerb schneidet sie noch schlechter ab als im Vorjahr (natürlich vor der Schnecke). Ihre sonst sicheren Punkte im Schwimmwettbewerb kann sie diesmal nicht erringen. Die kaputten Schwimmhäute der kleinen Ente ließen sie in das Mittelfeld zurückfallen.

Auch die meisten Menschen vergeuden noch immer sehr viel Zeit und Energie damit, ihre Schwächen zu stärken und landen dabei maximal im Mittelfeld. Interessant ist aber nicht nur der Umgang mit Schwächen, wie im Bespiel der kleinen Ente, sondern auch der Umgang mit uns selbst, wenn wir in einer unseren Stärken versagt haben. Wie sollte man mit dem eigenen Versagen, mit Niederlagen umgehen?

Das Versagen von Führungskräften heißt konkret, dass sie das Geforderte, Erwartete nicht machen, leisten, erreichen konnten, der Erfolg ausbleibt und damit auch die Anerkennung für den Erfolg.

Wie geht ein wirksamer Performer mit solchen Niederlagen um? Er schaut nach vorne und zweifelt nicht ewig an seinen Fähigkeiten! Auch er ist nur ein Mensch. Er weiß, dass es niemanden etwas bringt, ewig bei einem Problem zu verharren, sich zu verkrampfen und seinen Selbstwert dauerhaft in Frage zu stellen. Ihm ist es wichtig, seine Grenzen zu kennen, Neues zu lernen und sich weiter zu entwickeln. Für die persönliche Weiterentwicklung ist der richtige Umgang mit Niederlagen sehr wertvoll. Erst sie zeigen uns, wo unsere Grenzen liegen und spornen uns an, es noch einmal zu versuchen oder neue Wege zu finden, die besser zu uns passen. Wichtig ist nur, dass wir uns erholen und nicht unterkriegen lassen. Ähnlich, wie bei einem Reitschüler, der nach dem Sturz vom Pferd wieder aufsitzt und weiterreitet. Er wird zunächst vorsichtiger und aufmerksamer reiten, da er weiß, wie das Pferd reagieren kann. Er hat dazugelernt, wenn er es schafft, seine Ängste und Blockaden wieder abzubauen. Die Flucht oder Vermeidung einer angsteinflößenden Situation, bewirkt nur, dass die Geister erhalten bleiben. Erst, wenn wir uns mit dem Geschehenen konstruktiv auseinandersetzen und daraus lernen, werden wir zukünftig in ähnlichen Situationen intuitiv richtig reagieren. Sie vielleicht sogar bewusst vermeiden.

Ein respektvoller Umgang mit sich selbst ist geprägt von der Umsicht und dem Rückblick, den man sich selbst in der spezifischen Situation und den jeweiligen inneren und äußeren Faktoren entgegenbringt.

Ein wirksamer Performer hält zu einem angemessenen Zeitpunkt inne und überprüft die Fakten, führt eine Revision durch und prüft, was das nächste Mal anders gemacht werden muss. Er hat daraus gelernt und achtet sich immer noch.

Hier können Frauen von Männern lernen. Denn das weibliche Geschlecht neigt eher zu Selbstvorwürfen und mangelndem Selbstvertrauen. Sicherlich auch ein Relikt aus der Erziehung. Schließlich waren sie schon immer für die sozialen Beziehungen verantwortlich und *glauben* auch heute noch für viele Dinge verantwortlich zu sein, die gar nicht in ihrem Einflussbereich liegen.

Was also zeichnet eine gute Führungskraft aus und welche Bedeutung hat Respekt im Verhältnis zu anderen Werten?

Die Wertekommission führt seit mehreren Jahren Studien durch. Im Jahr 2007 wurden die Werte zum einen nach ihrer Herkunft und zum anderen nach dem Verhältnis von privat und beruflich gelebten Werten beurteilt.

Nach Angaben der befragten Führungskräfte waren Werte wie Respekt, Mut, Verantwortung, Nachhaltigkeit und Integrität wichtig. Eine zentrale Rolle spielten Verantwortung (75 Prozent), Vertrauen (68 Prozent) und Respekt (53 Prozent). Besonderen Wert legten die 26- bis 35-Jährigen auf Respekt und Nachhaltigkeit. Junge Führungskräfte fühlten sich im Wesentlichen dann respektiert, wenn die Leistungsbereitschaft von den Vorgesetzten gewürdigt wurde.

Das Great Place To Word® Institute definiert Respekt innerhalb eines Unternehmens pauschal mithilfe der folgenden Definition[1]: Respekt bedeutet: Mitarbeitern die Ausstattung, Ressourcen und Schulungen zu bieten, die sie benötigen, um ihre

---

1   www.greatplacetowork.de

Arbeit zu erfüllen. Dies erfordert eine gute Wahrnehmung der Führungskräfte. Ein respektabler Umgang schließt mit ein, dass man die Mitarbeiter einbezieht und zu Partnern in Unternehmensangelegenheiten macht, einen Geist der Zusammenarbeit über alle Abteilungen hinweg entwickelt und ein sicheres und gesundes Arbeitsumfeld schafft. Die Leistungsfähigkeit der Mitarbeiter bleibt nur dann dauerhaft erhalten, wenn das Unternehmen Respekt vor dem Menschen und seiner Arbeitskraft hat. Insbesondere die Führungskräfte müssen daran interessiert sein, dass ihre Mitarbeiter nicht ausbrennen und dafür sorgen, dass eine gesunde Work-Life-Balance gelebt werden kann. Die Gesundheit der Mitarbeiter ist Chefsache!

Respekt wird von oben nach unten gelebt. Die Autorität der Führungskraft wird durch einen respektvollen Umgang gegenüber Mitarbeitern gestärkt. „Autorität wird nur dann nicht angezweifelt, wenn sie sich auf fachliche Leistung und untadelige menschliche Haltung gründet." (Gustav W. Heinemann). Respekt und Anerkennung schaffen Leistungsbereitschaft.

Nach Wikipedia spiegeln folgende Eigenschaften respektvolles Handeln wider:

▶ Achtung (Höflichkeit) vor der anderen Person
▶ Anerkennung der anderen Person gegenüber und deren Leistungen
▶ Anerkennung der Autorität der anderen Person
▶ Toleranz gegenüber der anderen Person bzw. ihren Handlungen
▶ Handlungen vermeiden, die andere kränken oder zu Unfrieden führen könnten.

Folgende Aspekte sind vor allem in der Praxis relevant:

Positives Grundverständnis

Bei der Kommunikation zweier Personen bedingt immer das Verhalten der einen Person das Verhalten der anderen. Dabei erleben beide oft das Verhalten der anderen jeweils als Ursache des eigenen Verhaltens. Eine pessimistische Erwartung der Aussagen oder Handlungen des Dialogpartners wird mit hoher Wahrscheinlichkeit eine negative Reaktion auslösen.

Wichtig ist ein positives Grundverständnis. Aus vielen Aussagen ist nicht klar erkennbar, ob sie positiv oder negativ gemeint sind. Nimmt man, insbesondere bei "schwierigen" Menschen, die Aussage (oder vielleicht auch negative Kritik) positiv auf, so kann über den Kern der Aussage gesprochen werden. Das Gegenüber erfährt Achtung gegenüber seiner Aussage und hat so die Möglichkeit zu kooperieren.

Anerkennung der Leistungen

Leistungen werden in unserer Gesellschaft bewertet. Der dazugehörige Maßstab wird entweder durch Institutionen vorgegeben oder durch uns selber definiert. Die Leistung eines Mitarbeiters kann durch die Berücksichtigung des Umfeldes neu bewertet werden. Das Umfeld kann aus den Arbeitsbedingungen, dem kulturellen Umfeld und dem Privatleben des Mitarbeiters bestehen. Ein unter diesen Rahmenbindungen resultierendes Lob für ein auch nicht hervorragendes Ergebnis motiviert den Mitarbeiter, sich auch in Zukunft anzustrengen und gute Ergebnisse zu erzielen. Der empfangene Respekt wird in der Regel mit Kooperation und einer wohlwollenden Anerkennung der Autorität beantwortet.

Zuhören bei Gesprächen

Zuhören heißt, das Gesprochene mit den eigenen Bildern und Erfahrungen in einen Kontext zu setzen, um es zu verstehen und zu bewerten. Dieser Prozess ist in der Regel noch nicht beendet, wenn der Sprechende aufgehört hat, zu sprechen. Dies dauert einen kleinen Augenblick und es entsteht eine kleine Pause.

Anderen ins Wort zu fallen, jemanden nicht zu Ende sprechen lassen, gibt den Sprechenden zu erkennen, dass er gar nicht zuhört. Ein Stichwort oder Satz wird zur freien Assoziation genutzt. Die Gesprächsführung auf Augenhöhe ist durch dieses Verhalten ins Ungleichgewicht gebracht. Der Respekt resultiert aus dem Zuhören, der kleinen Pause zur Ordnung der Gedanken.

Unterstützendes Klima in Meetings

In den nützlichen zehn goldenen Regeln für Meetings vermissen wir das freundliche Klima. Dieses wird über das positive Grundverständnis des Moderators gegenüber jedem Teilnehmer geschaffen. Weitere Regeln wie Pünktlichkeit, Ausreden lassen, Sachlichkeit, Vermeidung von Killerphrasen und konstruktive Kritik fördern die Kooperation und die gegenseitige Unterstützung im Team.

M WIE MOTIVATION

Es gibt kaum ein Thema, über das mehr veröffentlicht wurde als über Motivation. Schaut man unter www.buch.de, findet man unter dem Schlagwort Motivation alleine 894 deutschsprachige Bücher. Gibt man bei Google das Wort Motivation ein, werden einem innerhalb von nur 0.08 Sekunden ungefähr 51.000.000 Einträge aufgezeigt. Was ist eigentlich Motivation und welche Bedeutung hat sie für unsere Gesellschaft?

Im Rahmen dieses Kapitels erfahren Sie, was Motivation ist und warum sie für unser Handeln von so hoher Bedeutung ist. Des Weiteren werden Ihnen auch einige Wege aufgezeigt ,sich selbst dauerhaft zu motivieren. Zum Schluss erhalten Sie einige Hinweise, um Ihren Mitarbeitern eine motivierende Arbeitsumgebung bereitzustellen.

Was ist Motivation?

Diese Frage kann man nicht mit einem Satz beantworten. Fest steht, dass sich das Wort Motivation vom lateinischen „movere" (bewegen) ableitet und dass man ohne Motivation nicht erfolgreich sein kann. Die zentralen Fragen der Motivationsforschung sind: Was bringt jemanden dazu, etwas zu tun und was ist die Triebfeder seines Handelns? Sowohl für unsere privaten als auch für unsere beruflichen Erfolge sind diese beiden Fragen von zentraler Bedeutung.

Motivation ist keine Eigenschaft

Auch wenn es für das Wort Motivation keine eindeutige Begriffserklärung gibt, kann man auf jeden Fall sagen, dass Motivation keine Eigenschaft wie zum Beispiel das „Lesen können" ist. Während man in Bezug auf das Lesen eindeutig sagen kann, dass man es entweder kann oder nicht kann, verhält es sich mit der Motivation anders. Jeder Mensch wird durch andere Dinge angetrieben, sprich motiviert. Der eine arbeitet überdurchschnittlich viel in der Firma, weil er auf den nächsten Schritt auf der Karriereleiter hofft, der andere macht regelmäßig pünktlich Feierabend, um sich als Fußballtrainer einer Jugendmannschaft zu engagieren.

Motivation ist keine Eigenschaft. Das wird durch den weiteren Punkt belegt, dass man in Bezug auf eine Sache unterschiedlich motiviert sein kann. Sie kennen das bestimmt aus eigener Erfahrung: Mal sind Sie mehr und mal weniger motiviert, Dinge anzupacken. Doch was beeinflusst unsere Motivation? Dazu hat man herausgefunden (siehe Motivation, von R. Niermeyer / M. Seyffert), dass für unsere Motivation im Wesentlichen vier Faktoren eine große Rolle spielen.

▶ **Selbstwirksamkeit:** Dies ist die Überzeugung, das eigene Leben nach seinen eigenen Wertevorstellungen und Wünschen leben zu können.

▶ **Zeitperspektive:** Je nach Lebensalter und Lebenssituation verfolgen wir unterschiedliche Ziele bzw. die gleichen Ziele mit einer unterschiedlichen Intensität.

▶ **Emotionen:** Diese sind bei jedem Menschen unterschiedlich ausgeprägt und haben einen wesentlichen Einfluss auf unsere Entscheidungsfindung.

▶ **Antriebsstärke:** Sie ist im Wesentlichen von der inneren Anspannung bzw. Entspannung abhängig und ist somit mal stärker und mal schwächer.

Je nachdem, wie diese vier Faktoren zu einem bestimmten Zeitpunkt auf uns wirken, sind wir gegenüber einer bestimmten Sache mal mehr und mal weniger motiviert. Hinzu kommt noch die Frage, inwieweit Sie innerhalb Ihrer jetzigen Firma nach Ihren Werten und Wünschen agieren können, oder aber auch, wie weit sich Ihr Arbeitsumfeld auf Ihre Emotionen auswirkt.

Wenn Sie beispielsweise überlegen, sich außerhalb Ihrer jetzigen Firma eine neue Anstellung zu suchen, werden die Faktoren Selbstwirksamkeit und Emotionen einen sehr großen Einfluss auf Ihre Motivation haben, sich zu bewerben. Ihre Motivation bestimmt Ihr Verhalten - zusammen mit Ihren Wahrnehmungs- und Lernvorgängen, den äußeren Reizen und Ihren Fähigkeiten. Wenn es Ihnen leichtfällt, eine Bewerbung zu schreiben, werden Sie eher anfangen, sich auf eine neue Stelle zu bewerben, als wenn Sie diesbezüglich eher weniger talentiert sind.

Motivation versus Motivierung

Oftmals werden die Bedeutungen der Begriffe Motivation und Motivierung gleichgesetzt und beide Wörter somit synonym verwendet. Dabei könnten die inhaltlichen Unterschiede kaum größer sein.

Unter Motivation versteht man die Motive, die eine Person zum Handeln bewegen. Somit kommt die eigentliche Motivation von innen heraus, sozusagen vom Wesenskern her. Man spricht in diesem Fall von Selbstmotivation bzw. intrinsischer Motivation.

Im Gegensatz zur Motivation, die im Menschen selbst angelegt ist, versucht man mittels Motivierung jemanden das machen zu lassen, was der Motivator erwartet. Hierbei handelt es sich eindeutig um ein fremdgesteuertes Verhalten (Fremdmotivation bzw. extrinsische Motivation).

Wie man sich selbst am besten motiviert und welche Gefahren bei einer Fremdmotivation auf uns lauern, sind Bestandteile des folgenden Abschnittes.

Grundprinzipien der Motivation

Auf den Unterschied von Eigenmotivation (intrinsische Motivation) und Fremdmotivation (extrinsische Motivation) wurde schon kurz eingegangen. Wenn es aber darum geht sich selbst zu motivieren und das zudem dauerhaft, spielen noch weitere Punkte eine wichtige Rolle. So ist die Frage, was uns konkret antreibt (spezifische Motivation) genauso bedeutsam wie unsere derzeitige Lebenssituation mit den verschiedenen Lebensbereichen.

Spezifische Motivation

Jeder von uns hat eine gewisse allgemeine Motivation, die angeboren ist. Dieser Antrieb entspricht dem inneren Wunsch, etwas zu gestalten, zu bewirken bzw. etwas zu erreichen. Es sind in der Regel Wünsche wie Gesundheit, Wohlergehen und soziale Kontakte, die allgemein motivierend auf uns wirken. Die Intensität der allgemeinen Motivation ist in jedem Einzelnen von uns stark unterschiedlich ausgeprägt.

Parallel zur allgemeinen Motivation gibt es auch noch die spezifische Motivation. Diese bezieht sich im Gegensatz zur allgemeinen Motivation auf ein ganz bestimmtes Ziel oder eine ganz bestimmte Situation.

Letztendlich ist die spezifische Motivation ausschlaggebend dafür, dass Sie sich für ein ganz bestimmtes Ziel engagieren. Ursache hierfür ist die subjektive Bedeutung, die das Ziel für Sie hat. Diese Bedeutung entscheidet somit über Ihren Energieeinsatz und Ihre Ausdauer bei der Zielverfolgung, was letztendlich zum Erfolg führt und somit wiederum motivierend auf das In-Angriff-Nehmen neuer Ziele wirkt.

Neben den ganzen verschiedenen Motivationsbereichen (intrinsisch, extrinsisch, allgemein oder spezifisch) ist es für unsere Motivation extrem wichtig, ob wir unser Leben nach eigenen Wertevorstellungen und Wünschen leben können (Selbstwirksamkeit). Und hier kommen wir zu den bereits angesprochenen Lebensbereichen.

Nach einem von Dr. Nossrat Peseschkian entwickelten Modell lässt sich unser Leben in die folgende vier Bereiche einteilen:

1. Beruf und Finanzen (Arbeit, Leistung, Weiterbildung, Vermögen)

2. Gesundheit und Fitness (Ernährung, Sport, Bewegung, ärztliche Vorsorgemaßnahmen, Erholung, Entspannung)

3. Familie und soziale Kontakte (Ehe, Partnerschaft, Kinder, Freunde, Verwandte, Bekannte, soziales und politisches Engagement)

4. Sinn und Kultur (Vision, Lebenssinn, Werte, Persönlichkeit, kulturelles Interesse)

Wenn wir in einem dieser Lebensbereiche immer mehr von unseren Lebensvorstellungen abweichen, motiviert uns dies zum Handeln. Bevor wir uns zum Handeln entscheiden, wiegen wir automatisch und oft unbewusst die möglichen Alternativszenarien ab. Je nachdem, wie wir die uns bietenden Alternativen bewerten, entwickeln wir die Motivation zu handeln - oder aber auch nicht.

Folgendes kleines Beispiel verdeutlicht diese komplexe Situation.

Nehmen wir einmal an, Sie engagieren sich überdurchschnittlich stark in Ihrer Firma, wie es viele Manager tun. Kommt Ihre Motivation von innen heraus, weil Ihre Wertevorstellungen und Ziele, mit denen Ihrer Firma übereinstimmen? Dies ist oft bei Mitarbeitern von gemeinnützigen Organisationen der Fall. Oder sind externe Anreizsysteme wie ein zusätzlicher Bonus (weil sie finanziell darauf angewiesen sind), eine baldige Beförderung oder sogar die Angst um Ihren Arbeitsplatz, die Ursache für Ihre Arbeitsmotivation?

Je nach dem, was auf Sie persönlich zutrifft, werden Sie unterschiedlich stark motiviert sein bzw. wird Ihre Motivation andauern.

Selbstmotivation

Unsere Selbstmotivation besteht einfach gesprochen aus zwei Bereichen: der allgemeinen Motivation, die seit Geburt in jedem von uns wirkt, und der spezifischen Motivation, die sich auf ein bestimmtes Ziel bezieht. Im Folgenden werden die aus Führungssicht wesentlichen Eckpunkte vorgestellt, die unsere Selbstmotivation sowohl positiv als auch negativ beeinflussen.

Motivation durch Wünsche

Gerade unsere inneren Wünsche sind es, die uns Menschen zum Handeln bewegen. Ob wir jedoch unser Ziel, welches sich von unserem Wunsch ableiten lässt, jemals erreichen, hängt von mehreren Faktoren ab. Wichtig ist zu wissen, dass der bloße Wunsch etwas zu erreichen, zu haben bzw. zu machen nur bedingt allein motiviert. Vielmehr kommt es darauf an, was wir uns von der Erfüllung dieses Wunsches erhoffen.

Was steckt hinter Ihrem Wunsch, die Karriereleiter weiter hinaufzusteigen? Sind es der Status und das damit verbundene Ansehen in der Firma bzw. in der Gesellschaft? Ist es das höhere Gehalt oder der damit verbundene Firmenwagen? Was steckt hinter Ihrem Wunsch, eine bestimmte Beziehung einzugehen bzw. weiterzuführen? Ist es die damit verbundene Geborgenheit oder die Erfüllung des sexuellen Verlangens? Die entscheidende Frage ist: „Was bewegt Sie WIRKLICH?"

Selbstmanagement

Keiner kann Ihre Motivation so beeinflussen wie Sie selbst, weder im positiven Sinne noch im negativen Sinne. Ihr Selbstmanagement ist der Dreh- und Angelpunkt für Ihre Motivation. Einer der häufigsten Fehler ist es, zu viel auf einmal zu wollen. Wenn Sie mehrere Ziele parallel verfolgen, besteht nicht nur die Gefahr sich zu verzetteln, sondern auch, dass sich Ihre Mehrbelastung negativ auf Ihre Motivation auswirkt.

Motivierender ist es, wenn Sie sich auf ein Ziel konzentrieren. Dadurch werden Sie es mit hoher Wahrscheinlichkeit wesentlich schneller erreichen, was sich ebenfalls motivierend auf Sie auswirkt. Kaum etwas ist motivierender als eigene Erfolgserlebnisse.

Bei großen und langfristigen Zielen sollten Sie diese in mehrere kleinere Teilziele unterteilen. Bewährt hat sich hierbei die Wochenaufteilung. Unterteilen Sie Ihr großen Ziel in so kleine Teilziele, dass Sie pro Woche ein Teilziel erreichen können. Wenn Sie zum Beispiel planen, einen Unternehmensbereich oder Ihre Abteilung umzustrukturieren, könnten Sie folgende Wochenziele definieren: Entwicklung eines Grobkonzeptes inklusive Meilensteinplanung; Erarbeitung einer ersten Mitarbeiterpräsentation; Abstimmung der Mitarbeiterpräsentation mit ausgewählten Mitarbeitern; Durchführung von Mitarbeitergesprächen mit Frau XYZ und Herrn ABC.

Nehmen Sie sich nicht zu viel auf einmal vor.. Lassen Sie sich auch noch Zeit für Unvorhergesehenes.

Wenn Sie Ihr wöchentliches Teilziel erreicht haben, sollten Sie nicht sofort zur Tagesordnung übergehen. Vielmehr sollten Sie sich mit einer Kleinigkeit selbst belohnen bzw. motivieren. Schalten Sie für einen Moment einen Gang runter und gönnen Sie sich eine kurze Auszeit. Nehmen Sie sich die Zeit und gönnen Sie sich zum Beispiel einen Cafébesuch. Oder fangen Sie mal wieder an, ein Buch zu lesen bzw. lesen Sie in Ihrem Buch, das seit Tagen auf Ihrem Nachttisch wartet, weiter. Feiern Sie sich und Ihren Erfolg. Motivation kommt von innen.

Ein wichtiger Aspekt in Bezug auf Motivation und Selbstmanagement ist das Thema Fokussierung, das schon kurz angesprochen wurde. An dieser Stelle wollen wir das Thema nochmals genauer betrachten.

Die große Bedeutung des Themas Fokussierung spiegelt sich auch in den zahlreichen Büchern zu den Themen Zeit- und Selbstmanagement wider. Auch in Seminaren wird dieses Thema ausgiebig behandelt. Doch warum ist Fokussierung so wichtig für unsere Motivation?

Die meisten Menschen neigen dazu, sich zu verzetteln, wenn sie mehrere Ziele verfolgen, die aus ihren Wünschen abgeleitet sind. Jeder Mensch, auch Sie, kann eine spezifische Motivation aufbauen, deren Stärke abhängig von dem zu erwartenden Ergebnis ist. Dieser Antrieb kann extrem hoch sein. Doch die Frage ist: Wie lange schaffen Sie es, Ihre spezifische Motivation auf einem so hohen Niveau zu halten? Je mehr motivierende Erfolge Sie auf dem Weg zu Ihrem Ziel genießen, desto länger und stärker können Sie sich selbst motivieren.

Wenn Sie sich auf ein Ziel fokussieren, reduzieren Sie auch die Gefahr, sich selbst zu überanstrengen. Und falls Sie jetzt denken, dass Sie das rechtzeitig merken würden - vergessen Sie es! Unzählige Studien zum Thema Burnout haben ermittelt, dass die Überanstrengung schleichend kommt, bis Ihr Körper für Sie plötzlich und unerwartet die Notbremse zieht. Nicht zu vergessen sind die zahlreichen Probleme, die sich aufgrund der zu vielen Aktivitäten und der damit verbundenen Hektik ergeben, insbesondere im sozialen und familiären Umfeld.

Mangelnde Fokussierung führt auch dazu, dass die notwendigen Punkte, die zur Erreichung Ihres Zieles unerlässlich sind, oftmals nicht in der erforderlichen Qualität von Ihnen erledigt werden. Und diese Nachlässigkeit wird Sie früher oder später einholen, was sich dann wiederum negativ auf Ihre Motivation auswirkt.

Nichts motiviert einen Menschen mehr als seine persönlichen Erfolge. Fokussieren Sie sich auf ein Ziel. Unterteilen Sie dieses Ziel so, dass Sie jede Woche etwas zu feiern haben. Schöpfen Sie Ihre Kraft für das Handeln aus Ihrem Inneren, aus Ihrer spezifischen Motivation.

Bevor wir auf das Thema Motivationshindernisse eingehen, noch ein paar Worte zum Thema Ruhezeiten. Laut Oliver Kahn sind fest eingeplante Ruhezeiten ein wichtiger Bestandteil des Trainingsprogrammes des FC Bayern München. Planen Sie zur Steigerung bzw. Erhaltung Ihrer Motivation feste Ruhezeiten in Ihren Tagesablauf mit ein. Nutzen Sie Ihre Ruhezeit, um über Ihr Ziel und das bisher Erreichte nachzudenken. Wie fühlt es sich an, wenn Sie über Ihr Ziel (Finisherfoto) nachdenken? Visualisieren Sie Ihr Ziel, so gut es geht. Sie werden erleben ,dass sich ein gutes positives Gefühl dabei einstellt. Und ein gutes Gefühl ist eine sehr gute Quelle für die Eigenmotivation.

Motivationshindernisse

Genauso wie des Dinge und Situationen gibt, die uns motivieren, gibt es Umstände, die uns demotivieren und regelrechte Motivationshindernisse sind. Dazu zählen emotionale Blockaden und innere Widerstände genauso die die Angst vor dem Misserfolg.

Emotionale Blockaden entstehen entweder durch eine große Anzahl von Wiederholungen eines Gedanken oder durch eine starke emotionale Intensität. Dabei können die Zeitpunkte der

Entstehung einer Blockade und ihrer Auswirkung auf unser Leben weit auseinanderliegen. So entstehen die meisten durch Gedanken erzeugte Blockaden in unserer Kindheit durch unser direkt auf uns einwirkendes Umfeld. Dieses bestand in der Regel aus Ihren Eltern, Verwandten, Freunden, Erziehern und Lehrern. Das Verhalten dieser Personen hat Ihre Gedanken entscheidend geprägt und somit auch Ihr Handeln. Wie oft hört man Eltern zu Ihren Kinder sagen: „Lass das, dazu bist du noch zu klein!", „Das schaffst du doch nicht!" oder leider auch: „Du bist doch dumm wie ...!"

Wie wollen Sie nun einen Mitarbeiter motivieren – wenn dieses Unterfangen überhaupt möglich ist –, der sich selbst aufgrund der emotionalen Blockaden nichts zutraut? Beobachten Sie doch mal Ihre Mitarbeiter und Kollegen, wie die sich im Alltag untereinander und Ihnen gegenüber verhalten. Beobachten Sie sie, wie sie sich in bestimmten Situationen geben bzw. darauf reagieren. Überlegen Sie anschließend, was die Ursache für diese oder jene Reaktion sein könnte. Das Gleiche gilt natürlich auch für Sie selbst; Beobachten Sie sich und Ihre Reaktionen und finden Sie heraus, warum Sie so handeln und nicht anders.

Ich habe mal erlebt, wie ein Manager gegenüber einer seiner Mitarbeiterinnen jedes Mal ausflippte, wenn er mit ihr zu tun hatte. Es stellte sich heraus, dass die Informationen, mit der die Untergebene ihn versorgte, aus seiner Sicht immer viel zu ungenau waren. Fragte er sie nach den Umsatzzahlen des letzten Monats, antwortete sie beispielsweise: „ca. 120.000 Euro." Aus ihrer Sicht reichte dieser Exaktheitsgrad des Informationsgehaltes völlig aus. Ihr Chef wollte aber immer Zahlen auf höchstmöglichem Präzisionsniveau haben. Bis auf den Cent genau. Ursache seines Genauigkeits-Eifers war, dass sein Vater ihn darauf programmiert hatte, immer so genaue Antworten wie möglich zu geben. Fragte er seinen Sohn zum Beispiel nach der Außentemperatur, so wollte er immer die exakte Temperaturangabe von ihm haben. Ein „ca. acht Grad" ließ er nicht gelten.

Der Vater war Dreher von Beruf und eine Ungenauigkeit von +/- einhundertstel Millimeter entschied zwischen Ausschuss oder nicht. Und dies wirkte sich direkt wieder auf die Lohntüte des Vaters aus.

Doch nun zurück zum Thema Motivation. Emotionale Blockaden haben einen direkten negativen Einfluss auf unsere Motivation. Beobachten Sie sich selbst und finden Sie heraus, was Sie bisher veranlasst hat, gewisse Dinge nicht zu tun, obwohl diese notwendig waren.

Emotionale Blockaden sind Programme, die unbewusst ablaufen und somit nicht sofort erkennbar sind. Gelöst werden können diese oftmals alleine dadurch, dass Sie sich diese Situation und dessen Ursache bewusst machen. Fragen Sie sich, ob ihre gewohnte Reaktion auf eine bestimmte Situation aus Ihrer heutigen Sicht angemessen war. Wenn nicht, legen Sie für sich selbst fest, wie Sie in Zukunft auf solche Reaktionen reagieren wollen.

Wenn Sie beispielsweise nachträglich erkennen, dass Sie einen Mitarbeiter unfair behandelt haben, dann gehen Sie zu ihm und entschuldigen Sie sich. Dabei sollte das Ereignis nicht mehr als ein oder zwei Tage zurückliegen. Diese Reaktion lässt Sie menschlich erscheinen und motiviert sowohl Ihren Mitarbeiter als auch Sie.

Ein weiteres Motivationshindernis sind die inneren Widerstände. Diese entstehen, wenn Sie sich selbst im Wege stehen. Während ein Teil von uns den großen Erfolg haben will, sehnt sich der andere Teil in uns nach Ruhe und Entspannung. Oftmals äußert sich dieser Zwiespalt in Form verschiedener Gedanken oder Stimmen in uns. So kann es sein, dass eine innere Stimme Sie auffordert, neue Wege zu gehen, während eine andere Stimme Ihnen sagt, Sie sollten bei dem bleiben, was Sie haben. Diese negative innere Stimme wird oft als „innerer Schweinehund" bezeichnet. Er bzw. unser zweites Ich will keine Veränderung. Er will es bequem haben. Er will, dass alles beim Alten bleibt. Doch Sie werden Ihr Ziel nur erreichen, wenn Sie Dinge anders machen, als Sie es gewohnt sind. Auch wenn Sie hierfür Ihre ganz persönliche Komfortzone verlassen müssen.

Abbauen können Sie Ihre inneren Widerstände, indem Sie sich sozusagen mit Ihrem inneren Schweinehund einigen. Vereinbaren Sie mit sich selbst, was Sie tun werden, wenn Sie ein Wochenziel erreicht haben. Wie bereits beschrieben, sollten Sie sich und Ihrem Schweinehund nach getaner Arbeit etwas Gutes tun. Aber nur, wenn Sie Ihr Wochenziel auch zu 100 Prozent erreicht haben und nicht schon bei einem Erfolgsgrad von 99,99 Prozent.

Angst vor Misserfolgen

In uns allen steckt mehr, als wir glauben. Was uns daran hindert, Dinge anzupacken, ist nicht die fehlende Motivation, sondern die Angst vor dem Misserfolg. Aufgrund dieser Angst bauen wir erst gar keine spezifische Motivation auf. Wenn wir etwas nicht versuchen, sind wir gescheitert, bevor wir überhaupt damit angefangen haben. Fälschlicherweise schiebt man dann oft die fehlende Motivation vor. Die Ursache des Nichtbeginnens liegt aber nicht in der geringen oder fehlenden Motivation, sondern in der Angst zu versagen.

Um diese Angst zu überwinden, gibt es mehrere Möglichkeiten. Beginnen Sie mit kleinen Schritten. Wenn Sie Angst davor haben, vor Menschen frei zu sprechen – was Sie als Vorgesetzter oftmals tun müssen –, dann ergreifen Sie vor einigen wenigen Mitarbeitern in ganz alltäglichen Situationen das Wort. Berichten Sie Ihnen vom letzten Management-Meeting, ohne eine Folie oder Ähnliches zu benutzen. Wenn Sie nicht spontan genug sind, um auf unerwartete Situationen zu reagieren, besuchen Sie doch mal eine Situationstheatergruppe. Die zu spielenden Szenen aus dem beruflichen oder privaten Alltag werden spontan bestimmt und durch die Teilnehmer umgesetzt. Da es kein Redeskript oder Ähnliches gibt, ist man gezwungen, ad hoc auf Fragen und auf die jeweilige Situation zu reagieren. Spielerisch lernt man dabei nicht nur spontaner zu sein, sondern es eröffnen sich damit neue und auch humorvolle Sichtweisen im Hinblick auf die jeweilige Thematik. Entsprechende Seminare findet man unter dem Stichwort „Businesstheater" im Internet.

Ob etwas ein Misserfolg ist oder nicht, ist auch eine Frage unserer Einstellung. Denn nur Sie alleine bewerten ein Ergebnis als Erfolg oder Misserfolg. Es geht natürlich auch nicht darum, alles schönzureden. Vielmehr ist es für Ihre Motivation viel besser, unerwünschte Ergebnisse als Lernerfolg anzusehen. Denn Sie wissen jetzt, welches Handeln nicht zum gewünschten Ergebnis führt.

An dieser Stelle möchte ich nochmals auf den Erfinder der Kohlenfaserstofflampe, Thomas Alva Edison eingehen. Er benötigte mehr als 3.000 Versuche, bis er wusste, wie man eine Glühlampe aufbauen muss, damit diese auch wirklich für längere Zeit Licht spendet. Ein Reporter fragte ihn mal während seiner vielen Experimente, ob ihn denn die laufenden Fehlversuche nicht frustrieren würden. Thomas Alva Edison antwortete darauf nur, dass er durch seine Misserfolge nur weitere Möglichkeiten entdeckt habe, wie eine Glühlampe nicht aufgebaut werden dürfe, damit diese funktioniere.

Haben Sie Angst vor Misserfolgen? Dann erinnern Sie sich an all die Dinge, die Sie gelernt oder erfolgreich umgesetzt haben. Haben Sie Fahrradfahren gelernt, ohne einmal hinzufallen? Haben Sie Schwimmen gelernt, ohne einmal Wasser zu schlucken? Haben Sie in der Schule rechnen gelernt, ohne sich einmal zu verrechnen? Bestimmt nicht.

Sagen Sie zu sich selbst, dass Sie Ihr Ziel erreichen werden und fangen Sie an. Und wenn etwas nicht so läuft wie geplant, dann schmeißen Sie für heute alles hin und fangen Sie morgen noch mal von vorne an.

Selbstdisziplin und Motivation

Auf den ersten Blick scheint zwischen den beiden Begriffen Selbstdisziplin und Motivation kein direkter Zusammenhang zu bestehen. Wenn man etwas länger darüber nachdenkt, wird man schnell feststellen, dass man die sich selbst gesteckten Ziele in erster Linie nur durch eine gewisse Selbstdisziplin erreicht.

Wie oft haben Sie sich schon vorgenommen, etwas mehr Sport zu treiben, sich regelmäßig um Ihre Freunde zu kümmern oder ein paar Kilogramm abzunehmen? Stellen Sie sich doch mal selbst die Frage, was Sie nicht erreicht haben und vor allem:

warum nicht? Schnell werden Sie feststellen, dass eine gewisse Selbstdisziplin der Grundbaustein für Ihren Erfolg ist.

Im Umkehrschluss ist nichts demotivierender als eine laufende Nichterreichung persönlicher Ziele. Analysiert man mal kritisch die wahren Hintergründe, warum man sein Ziel nicht erreicht hat, wird man feststellen, dass in den allermeisten Fällen eine mangelnde Selbstdisziplin hierfür die Ursache ist. Ein Beispiel gefällig?

Sie sollen der Geschäftsleitung in drei Wochen Ihre Planzahlen für das kommende Jahr präsentieren. Dies gibt Ihnen die Möglichkeit, sowohl auf den guten Zustand Ihres Bereichs aufmerksam zu machen als auch gleichzeitig Werbung für neue Vorhaben zu machen.

Doch was passiert innerhalb dieser drei Wochen? Erstens befinden Sie sich im ganz normalen Arbeitsmodus und finden aufgrund dessen weder die Zeit noch die Muße sich auf diese Präsentation vorzubereiten. Zweitens sind Ihre Wochenenden nahezu völlig für Ihre Familie verplant und drittens fehlt Ihnen jede wirkliche innere Motivation, um endlich damit anzufangen. Letztendlich werden Sie sich mal wieder die Nacht vor dem Präsentationstermin um die Ohren schlagen und mit ein wenig Erfahrung und Glück ein halbwegs vernünftiges Gesamtbild abgeben. Sie haben aber, und dessen sind Sie sich bewusst, eine hervorragende Chance vertan, Großartiges zu leisten. Was Sie besonders an dieser Situation ärgert, ist, dass Sie diese Gelegenheit hätten nutzen können, wenn Sie selbstdisziplinierter gewesen wären. Wenn Sie öfter mal nein gesagt und sich an Ihre Prioritäten gehalten hätten.

Erkennen Sie den Zusammenhang zwischen Selbstdisziplin und Motivation? Das oben genannte Beispiel lässt sich auf jede

Lebenssituation übertragen. Ob es um das Abnehmen geht, um die Ansparung für den nächsten Urlaub oder um das regelmäßige Joggen.

Je disziplinierter Sie ein Vorhaben angehen, desto schneller und leichter werden Sie es erreichen, was letztendlich nicht nur Ihre Motivation stärkt, sondern auch in einem erheblichen Maße Ihr Selbstvertrauen.

Fremdmotivation

Zu Beginn dieses Kapitels wurde der Begriff Fremdmotivation bereits definiert. Weil Fremdmotivation für unser Leben eine solche Bedeutung hat, anbei einige zusätzliche, wichtige Aspekte zu diesem Thema.

Fremdmotivation (extrinsische Motivation) ist die Motivation, die von außen auf uns einwirkt und uns somit zu einem bestimmten Verhalten veranlasst. Die typischen Ansätze jemanden von außen zu motivieren: entweder durch Belohnung oder aber durch Bestrafung. Schon in früher Kindheit lernten wir ganz schnell, was wir tun müssen, um bei unseren Eltern oder Verwandten ein bestimmtes Verhalten auszulösen. Als Kind haben wir somit unsere Eltern fremdmotiviert. Oder aber uns drohte eine bestimmte Bestrafung, wenn wir etwas nicht gemacht haben. Zum Beispiel durften wir erst fernsehen, nachdem wir den Müll herausgebracht hatten. Das sind typische Situationen für die Fremdmotivation. Man möchte etwas, also muss man zuvor erst etwas Bestimmtes tun. Dieses Anreizsystem haben wir während unserer Kindheit gelernt und es gilt auch noch heute im Berufsleben. Der Mensch unternimmt so manches, was er ohne Belohnung nicht täte.

Dies ist gar nicht so weit hergeholt. Wir denken und handeln von Grund auf eigennützig und reagieren auf ökonomische Anreize. Wenn Sie für eine Tätigkeit in einem ähnlichen Umfeld wie Ihrem jetzigen viel mehr verdienen würden, würden Sie dann nicht in Erwägung ziehen, den Job zu wechseln?

Die langfristige Gefahr, die sich dabei ergibt, ist die der stetigen Unzufriedenheit. Hat man erst mal die nächste Gehaltsstufe erreicht, ist die Freude über das zusätzliche Gehalt nur von kurzer Dauer. Ist man in ein größeres Haus eingezogen, schaut man sich schon nach einem noch größeren um. Erst wenn man so in die Jahre kommt, fragt man sich, ob denn das ewige Streben nach mehr überhaupt einen Sinn hat.

Befragt man Menschen, die ein Burnout hatten, nach dessen Ursache, so wird neben der hohen Arbeitsbelastung auch oftmals der Leistungsdruck von außen genannt. Ständig versucht irgendjemand Sie von außen zu beeinflussen. Ob es die Werbung ist, Ihr Vorgesetzter, Ihr Lebenspartner oder Ihre Eltern.

Und damit wären wir bei einem weiteren wichtigen Punkt: Wo und wie lassen Sie äußerliche Einflüsse zu? Machen Sie die vielen Überstunden, weil es Ihnen persönlich Spaß macht, weil man es von Ihnen erwartet, weil Sie dafür bezahlt werden oder weil Sie auf die nächste Beförderung und damit auf ein höheres Ansehen in der Firma und in der Gesellschaft hoffen? Untersuchungen haben gezeigt (Gallup 2004), dass nur zwölf Prozent aller Arbeitnehmer in Deutschland mit Leib und Seele bei der Arbeit sind. 70 Prozent der Mitarbeiter haben keine besondere Lust, sich für das (nicht IHR) Unternehmen einzusetzen. Und die restlichen 18 Prozent haben bereits innerlich gekündigt.

Kein Wunder, dass die Fähigkeit Mitarbeiter zu motivieren, ein zentraler Bestandteil der Manageraufgabe ist. Und diese Aufgabe kann man auf zweierlei Wegen ausführen: Sie können versuchen, Ihre Mitarbeiter durch immer ausgefallenere Bonussysteme, Events oder Belohnungssysteme zu motivieren oder Sie beseitigen die Faktoren innerhalb eines Unternehmens, die Ihre Mitarbeiter demotivieren.

Mitarbeiter dauerhaft motivieren

Es ist ein Irrtum, dass Gehaltserhöhungen, Bonusprogrammen oder sonstige Anreizsysteme auf Dauer motivierend sind. Fakt ist, dass eine dauerhafte Motivation nicht käuflich ist. Laut Professor Alfred Kohn gibt es keine Studie weltweit, die eine dauerhafte Leistungssteigerung durch Anreizsysteme nachweisen konnte. Gehaltserhöhungen werden als verdient angenommen und spätestens nach zwei bis drei Monaten hat sich der Mitarbeiter an das Mehr an Geld gewöhnt und wartet auf den nächsten Anreiz.

Eine dauerhafte Motivation kann nur von innen heraus kommen. Für Führungskräfte ergibt sich somit folgende Frage: Was motiviert Mitarbeiter eigentlich? Und das bekommen Sie nur heraus, wenn Sie sich mit Ihren Mitarbeitern nicht nur fachlich, sondern vor allem privat unterhalten.

Stellen Sie sich bezogen auf Ihre Mitarbeiter mal folgende Fragen:

▶ Was macht Ihr Mitarbeiter in seiner Freizeit, also
▶ nach der Arbeit?
▶ Wovon erzählt er mit Begeisterung?

▶ Engagiert sich Ihr Mitarbeiter zusätzlich in der Freizeit?

▶ Wenn ja, wofür?

Keine andere Person in einem Unternehmen hat einen so großen Einfluss auf die Motivation eines Mitarbeiters wie der direkte Vorgesetzte. Mitarbeiter bemerken ein bestimmtes Verhalten ihres Vorgesetzen ihnen gegenüber. Aus diesem Grund sollten Sie sich die Frage stellen:

Welches Menschenbild haben Sie von sich und Ihren Mitarbeitern? Ein in Ihren Augen ungeschickter Mitarbeiter wird diesen Makel immer für Sie tragen, wenn Sie ihn nicht gedanklich in eine andere Schublade packen. Sie werden bei diesem Mitarbeiter nur die „negativen" Punkte bemerken und - wenn auch unabsichtlich - entsprechend darauf reagieren. Dies hat wiederum zur Folge, dass Ihr Mitarbeiter Ihr Verhalten ihm gegenüber, wenn auch unbewusst, bemerkt und demzufolge wiederum mit einer entsprechenden Distanz reagiert. Somit werden unbewusst zwei Fronten aufgebaut, die jegliche Motivation im Keim ersticken. Mitarbeiter, die motiviert sein sollen, benötigen eine motivierende Arbeitsumgebung und dazu gehört auch ein offener und vorbehaltsfreier Vorgesetzter.

Wenn Sie als Vorgesetzter doch versuchen, die Mitarbeiter durch immer komplexere Bonusregelungen, Incentive-Reisen und Ähnliches zu motivieren, denken Sie daran, dass jeder Mitarbeiter einzigartig ist und somit auf andere Anreize reagiert. Der eine Mitarbeiter benötigt dringend das zusätzliche Geld, während der andere lieber mehr Eigenverantwortung in seinem Bereich hätte.

Ein Manager hatte mal einen Mitarbeiter, dessen Arbeitsqualität immer mehr nachließ. Hinzu kam, dass dieser Mitarbeiter recht unkonzentriert wirkte und leicht reizbar war. In einigen Gesprächen fand der Manager heraus, dass sein Mitarbeiter die Balance zwischen Privat- und Berufsleben nicht so hinbekam, wie er es gerne gehabt hätte. In beiden Bereichen war er so eingespannt, dass ihm keine Zeit blieb, mal in Ruhe über etwas nachzudenken oder sogar mal etwas für sich zu tun. Er hatte schon lange keine Zeit mehr gehabt, um mal ein Buch zu lesen oder sogar mal joggen zu gehen. Er fühlte sich vollständig fremdgesteuert. Der Manager schlug ihm vor, ihn in Zukunft mehr in den Außendienst einzubinden. Dies würde aber für den Mitarbeiter bedeuten, dass er einige Stunden pro Woche im Auto verbringen und dass er ein bis zwei Nächte pro Woche in einem Hotel übernachten müsse. Dieser stimmte zu und seine Arbeitsergebnisse wurden schlagartig besser. Nicht nur das, er wirkte auch viel gelassener und bedachter. Die Zeit im Auto nutzte er, um über gewisse Dinge in Ruhe nachzudenken und am Abend hatte er die Zeit für sich, um sich eine Buchlektüre zu gönnen oder mal wieder die Jogging-Schuhe zu schnüren.

Diesen Mitarbeiter hätten Sie mit einem Mehr an Geld nicht motivieren können. Gehen Sie in Bezug auf Mitarbeitermotivation neue Wege und vergessen Sie die Motivierung per Anreizsystem. Was wirklich motiviert, sind Offenheit, Interesse an der Person und eine natürlich offene Art.

Demotivation

Bei all den Punkten zur Motivation wird die eigentliche Frage oftmals gar nicht berücksichtigt bzw. gestellt: Was demotiviert Sie bzw. Ihre Mitarbeiter?

Karl Heinz Sprenger erläutert in seinem Buch „Mythos Motivation" ausführlich, dass jeder Mensch von Grunde aus motiviert ist. Im Umkehrschluss stellt sich die Frage, was einen Menschen eigentlich demotiviert. Stellt man Mitarbeitern diese Frage, erhält man oftmals Antworten wie „unrealistische betriebliche Vorgaben", „überdimensionierte betriebliche Prozesse", „Ärger mit dem Vorgesetzten oder mit Mitarbeitern" und „keine bzw. zu wenig Beachtung der geleisteten Arbeiten".

Jedes Jahr geben Firmen in Deutschland Milliarden für Mitarbeitermotivationsmaßnahmen aus. Und das mit immer geringeren Erfolg. Gehen Sie hier lieber einen neuen Weg. Fragen Sie Ihre Mitarbeiter, was sie demotiviert und überlegen Sie sich gemeinsam, ob Sie innerhalb Ihrer Firma etwas ändern können. Weisen Sie aber Ihre Mitarbeiter auch darauf hin, dass einige Dinge nicht zu ändern sind oder sich nur sehr schwer verändern lassen. In einem großen Konzern beschwerten sich die Mitarbeiter über die recht komplexe Reisekostenrichtlinie und die damit verbundenen Reisekostenabrechnungen. Diesen Umstand zu verändern bzw. zu vereinfachen, ist aufgrund der gesetzlichen Vorgaben kaum möglich. Machen Sie Ihre Mitarbeiter darauf aufmerksam und konzentrieren Sie sich lieber auf das, was Sie verändern können.

Wie wäre es mit ein wenig mehr Farbe oder Bildern im Büro? Ein paar Pflanzen sorgen nicht nur für eine bessere Luft, sondern auch für ein besseres Betriebsklima. Egal was es ist, packen Sie es mit Ihren Mitarbeitern gemeinsam an und verändern Sie etwas. Binden Sie Ihre Leute mit ein und machen Sie aus dem reinen Befehlsempfänger und Arbeiter aktiv engagierte, offene und flexible Mitarbeiter. Und das erreichen Sie nur durch Motivation.

Eckpfeiler einer motivierenden Arbeitsumgebung

Ein weiterer Eckpfeiler einer motivierenden Arbeitsumgebung ist die Mitarbeiterführung. Der direkte Kontakt zu den Vorgesetzen kann entscheidend für die Mitarbeitermotivation sein. Seien Sie ein Vorbild in Ihrem Denken und Handeln. Wichtig ist dabei, dass Sie sich selbst treu bleiben. Wie bereits geschrieben, merken Mitarbeiter es sehr schnell, wenn man ihnen etwas vormacht. Da nahezu jeder von uns - ganz gleich, in welcher Position er sich gerade befindet - einen Chef bzw. eine Chefin hat, können Sie diesen Punkt ganz leicht an Ihrer persönlichen Reaktion auf das Verhalten Ihres Vorgesetzten überprüfen: Merken Sie es, wenn Ihr Vorgesetzter Ihnen etwas vormacht?

Seien Sie als Vorgesetzter offen für Anregungen und Anmerkungen Ihrer Mitarbeiter. Wenn möglich und sinnvoll, sollten Sie Verbesserungsvorschläge umsetzen. Somit ermutigen Sie Ihre Mitarbeiter, sich auch weiterhin Gedanken über die Firma zu machen. Denn nur wenige Dinge sind für Mitarbeiter so motivierend wie die Realisierung eingebrachter Vorschläge,

Führung bedeutet aber auch, es nicht jedem Recht zu machen. Seien Sie offen und direkt zu Ihren Mitarbeitern. Treffen Sie Entscheidungen, wenn sie nötig sind, und stehen Sie dazu.

Bei allem, was Sie für Ihre Mitarbeiter unternehmen, damit diese sich wohlfühlen, sollten Sie immer eines bedenken und an Ihre Mitarbeiter kommunizieren: Es geht um Gewinne bzw. Profite. Wenn Sie nicht gerade für eine Nonprofit-Unternehmung tätig sind, müssen Sie Gewinne erwirtschaften. Niemand schreibt Ihnen aber vor, bei der Erwirtschaftung von Gewinnen keinen Spaß zu haben und somit ein wenig glücklicher oder zufriedener durch das Leben zu gehen.

Im Kapitel Empowerment wurde detailliert auf die drei wesentlichen Aspekte einer motivierenden Arbeitsumgebung eingegangen. Sorgen Sie als Vorgesetzter für ein Umfeld, das Ihre Mitarbeiter befähigt, mehr zu leisten, indem Sie neue und offene Informationsstrukturen schaffen, fest definierte Verantwortungs- und Aufgabenbereiche bestimmen und das Arbeiten in Teams ermöglichen. Diese Aspekte bilden die Eckpfeiler einer motivierenden Arbeitsumgebung.

Die Bedeutung der Motivation für unsere Gesellschaft

Insbesondere für den Fortbestand und die Weiterentwicklung unserer Gesellschaft ist Motivation elementar wichtig. Wir benötigen motivierende und motivierte Menschen, die täglich ihrer Arbeit nachgehen, damit wir beispielsweise das im Supermarkt bekommen, was wir gerne hätten.

Eine Gesellschaft braucht motivierte Menschen, die sich in Vereinen, Schulen, Selbsthilfegruppen, Seniorentreffs oder der freiwilligen Feuerwehr engagieren, um hier nur einige zu nennen. Ohne Motivation würde jeder genau das tun, was andere ihm sagen bzw. wofür er bezahlt wird. Und das jeden Tag ein wenig weniger, bis nichts mehr geht.

Auch für die Weiterentwicklung einer Gesellschaft ist die Motivation zwingend notwendig. Ideen alleine sind wertlos. Erst das motivierte Handeln setzt Ideen um. Weil Menschen motiviert sind, etwas Bestimmtes zu entwickeln, zu forschen oder umzusetzen, entstehen neue Produkte und Leistungen. Diese helfen, Arbeitsplätze zu sichern oder es entstehen dadurch sogar neue. Diese neuen Produkte und Leistungen sorgen dafür, dass sich das Rad der Wirtschaft immer weiter dreht. Und dieser Schwung hilft wiederum unserer Gesellschaft.

E WIE ENERGY

Wir alle fühlen uns manchmal so voller Energie, dass wir buchstäblich Bäume ausreißen könnten. Jedoch - einige Zeit später können wir uns zu nichts mehr aufraffen. Wir sind einfach wie leergepumpt, völlig ohne jegliche Energie.

Dieses Kapitel widmet sich der Frage, wie Sie Ihren energetische Level und den Ihrer Mitarbeiter nutzen, aufbauen und vor allem erhalten können. Es gibt jedoch auch einige Energieräuber, die uns regelrecht aussaugen und uns unfähig machen, neue Dinge anzugehen bzw. offene Punkte zu erledigen.

Im Rahmen dieses Kapitels werden wir Ihnen die wichtigsten drei Energieräuber, aber auch zahlreiche Energiequellen vorstellen. Nutzen Sie diese Hinweise für sich und Ihre Mitarbeiter. So werden Ihnen nicht nur anstehende Aufgaben leichter von der Hand gehen, sondern Sie werden sich auch rundum wohler fühlen. Die Energie für den täglichen Bedarf kommt nämlich nicht nur aus der Steckdose. Der Mensch bezieht seine Energie aus positiven Erlebnissen, gutem Essen, angenehmer Gesellschaft, ausreichender Bewegung und vielem mehr.

Die Energieräuber sind unter uns

Wussten Sie, dass Sie von Energieräubern regelrecht umzingelt sind? Die größten Energieräuber sind Stress und anhaltende sowie zwischenmenschliche Probleme, welche sowohl privater als auch beruflicher Natur seien können. Die Energieräuber sind daran schuld, dass wir uns gestresst fühlen, wobei wir gleich beim Thema Stress wären.

Doch was ist Stress? Leider benutzen wir das Wort Stress meist im negativen Kontext oder als Ausrede. Wenn ich schlicht weg keine Lust habe, dann heißt es oft: „Ich würde ja schon gerne, habe aber leider keine Zeit, da ich total im Stress bin". Überprüfen Sie einfach mal ihre eigenen Redewendungen. Sie werden bemerken, dass Sie den Begriff Stress oft falsch anwenden. Performer dagegen wissen, dass Stress eigentlich aus der metallverarbeitenden Industrie kommt, wertneutral ist und nichts anderes bedeutet, als Material zu härten. Weiter wissen Performer auch, dass gesunder Stress die Arbeit beflügelt. Sie brauchen Stress sogar; denn er treibt zu Höchstleistungen an.

Stressregulierung heißt das Zauberwort. Regulierung deshalb, weil eine Reduzierung immer mit Verzicht zu tun hat. Und wer möchte schon gerne reduzieren? Wenn ich aber meinen Stress regeln kann, wie einen guten Radiosender, den ich mir so einstellen kann, wie er mit gefällt, dann habe ich sogar Spaß am Stress.

Einige Firmen haben dieses bereits erkannt und haben Mit-arbeiter zu Stressregulierern ausbilden lassen, eine Art Sicher-heitsbeauftragter für geistige und seelische Empfindungen. In der Schweiz sind Stressregulierer schon seit 2004 fester Be-standteil in Unternehmen. In Deutschland sind Sie leider noch Mangelware und betreten sehr oft Missionarsland.

Das Hauptproblem ist das richtige Timing von Pausen. Unser Körper zwingt uns anatomisch alle 90 Minuten zu einer Pause. Die Leistungsfähigkeit und Konzentration sinkt für ca. 20 Mi-nuten. Gönne ich mir die Pause, dann ist alles in Ordnung und ich kann die nächsten 90 Minuten wieder mit Vollgas arbeiten. Leider wird dieser Rhythmus nicht eingehalten. Denken Sie zum Beispiel an Ihre Studienzeit. Haben Sie brav und artig jeden Tag zwei Stunden gelernt oder haben Sie 14 Tage vor der Klausur nur 24 Stunden Lernschichten geschoben?

▶ „Du sollst trinken, bevor du durstig bist"
▶ „Du sollst essen, bevor du hungrig bist"

Wie viel Wahres steht in diesen beiden Sätzen. Sollten Sie dann nicht eine „Pause machen, bevor Sie müde sind?"

Performer tun das.

Ein Mangel an Pausen kann Krankheiten und Befindlich-keitsstörungen wie beispielsweise Schmerzen und Verspan-nungen im Rücken und Nacken, Kopfschmerzen, Brechreiz, Sodbrennen, Magenbeschwerden bis hin zum Magengeschwür verursachen.

Hinzu kommen dann noch die seelischen Folgen, welche un-ter anderem aufgrund der sinkenden Toleranzgrenze entstehen. Man fühlt sich leichter genervt und überfordert. Aber auch die

die innere Balance kann erheblich gestört werden, was zu Launenhaftigkeit, Unzufriedenheit, Ängsten führt bis hin zu ernsten Depressionen. Nicht zu unterschätzen ist die daraus resultierende Gefahr von Abhängigkeiten (Medikamente, Alkohol, Drogen).

Doch damit nicht genug. Dauerstress beeinträchtigt die Konzentrationsfähigkeit, steigert die Vergesslichkeit und reduziert die Aufmerksamkeit und Lernfähigkeit. Endstation ist das klassische Burnout.

Letztendlich wird die vorhandene positive Lebensenergie von den Energieräubern fast vollständig durch die derzeitige negative Situation aufgebraucht. Nun liegt es in der Natur der Sache, dass man sich nicht immer jeder Situation entziehen kann, bloß weil man sich gestresst fühlt oder mit einer bestimmten Person nicht zusammenarbeiten will.

Insbesondere im zwischenmenschlichen Umgang sollten Sie in Zukunft mehr auf die Auswahl Ihrer Gesprächspartner achten. So gibt es Menschen, die ihren Mitmenschen den ganzen Tag über immer nur schlechte Dinge berichten und von ihrer Natur aus eher negativ als positiv eingestellt sind. Nun kann man sich gerade im Berufsleben die Gesprächspartner nur bedingt aussuchen. Wenn man einen Choleriker zum Vorgesetzen hat, bleibt nur die Möglichkeit, dieses Los zu akzeptieren, innerhalb der Firma die Abteilung zu wechseln oder sogar die Firma zu verlassen.

Anders ist dies im Privatleben. Dort können Sie sich Ihre Freunde aussuchen oder zumindest die Kontakthäufigkeit gegebenenfalls reduzieren. Man sollte sich vor allem mit Menschen treffen, die einem gut tun, die uns positiv beeinflussen. So gibt es Menschen, die sich mit uns austauschen, zu denen wir uns hingezogen führen, aus deren Nähe wir Energie gewinnen – aus welchen Gründen auch immer.

Wenden wir uns nun noch kurz dem Thema „anhaltende Probleme" zu.. Mit ungelösten Problemen ist es wie mit nicht getroffenen Entscheidungen: Je länger wir warten, desto mehr belasten sie uns. Fangen Sie an und notieren Sie sich Ihre Probleme und die nicht getroffenen Entscheidungen. Noch wichtiger ist, dass Sie umgehend damit anfangen, diese Punkte anzugehen. Wussten Sie, dass nur die allerwenigsten getroffenen Entscheidungen unwiderrufbar sind? Erstellen Sie eine Positiv/Negativ-Liste, tragen Sie die noch offenen Entscheidungen alle ein und entscheiden Sie anschließend.

Lösen Sie das kleinste anhaltende Problem zuerst. Dies hat den positiven Effekt, dass Sie schon ein Problem gelöst haben und dadurch Energie für die Lösung der noch offenen Punkte gewinnen.

Versuchen Sie in Zukunft, die Anzahl Ihrer Energieräuber zu minimieren. Hierbei hilft Ihnen unter anderem eine positive Grundeinstellung. Doch dies ist nur eines der Themen des anschließenden Abschnittes Energielieferanten.

Sieben Lieferanten für Ihre Lebensenergie

Jeder Mensch ist einzigartig und genauso einmalig ist die Art, wie er seine Lebensenergie gewinnt. So gewinnt beispielsweise jemand aus seiner sportlichen Aktivität heraus neue Energie. Für jemand anderen bedeutet Sport regelrecht Stress und ist alles andere als ein Energielieferant.

In diesem Abschnitt werden wir Ihnen sieben Bereiche vorstellen, die Ihnen dabei helfen, Ihren Energiespeicher neu aufzuladen. Seien Sie offen für Neues und probieren Sie das eine oder das andere ruhig mal aus.

Positive Grundeinstellung

Für mehr Energie im Alltag ist eine positive Grundeinstellung unabdingbar. Dies bedeutet nicht, dass man alles durch die rosarote Brille sehen soll. Das Leben besteht nun mal aus guten und schlechten Nachrichten, Zeiten oder Situationen. Die Kunst besteht darin, nach einer gewissen Zeit des Fluchens und Meckerns wieder positiv zu denken und entsprechen aus der Situation gelernt zu haben, um in Zukunft dementsprechend zu handeln.

Gibt es in Ihrem Umfeld Menschen, die Sie begeistern? Wenn ja, dann überlegen Sie sich mal, warum diese Menschen Sie begeistern. Oftmals kommt diese Begeisterung aus deren positiven Art und der Energie, die sie ausströmen. Man fühlt sich regelrecht zu ihnen hingezogen. Was hindert Sie daran, diese begeisternden Eigenschaften zu übernehmen? Vorgesetzte, die voller positiver Lebensenergie sind, sind nicht nur erfolgreicher im Privat- und Berufsleben, sie pflegen auch oftmals einen viel besseren und leichteren Umgang mit ihren Mitarbeitern.

Doch eine positive Lebensenergie ist nur ein Teil zur Gewinnung von mehr Energie und Tatkraft. Unserer Körper gewinnt in erster Linie die erforderliche Energie aus unserer Nahrung.

Ernährung

Kaum ein anderes Thema wie das der Ernährung betrifft jeden von uns derart existenziell und zugleich unterschiedlich. So gibt es Menschen, die morgens kaum einen Bissen runterbekommen, obwohl gerade die am Morgen zu sich genommenen Kalorien den Körper am wenigsten belasten. Ganz nach dem Motto „Das Frühstück ist die wichtigste Mahlzeit des Tages". Mit einem wertvollen Frühstück, bestehend aus Musli, Vollkornprodukten und ballastreichen Lebensmitteln, laden Sie Ihre Energiespeicher wieder auf und starten somit voller Energie in den neuen Tag.

All diejenigen unter Ihnen, die regelmäßig Sport machen, sollten morgens auf Obst, Nüsse und mageres Fleisch zurückgreifen. Nüsse, Äpfel und Hülsenfrüchte steigern die Gehirnleistung sowie die mentale Ausdauer, was besonders wichtig für alle Büroarbeiter ist.

Eine immer wieder umstrittene Methode ist die unterstützende Energiegewinnung durch Pillen und Pulver. In Europa werden schätzungsweise jährlich dafür ca. sechs Milliarden Euro ausgegeben. Ob es die Magnesiumtabletten sind oder das Pulver für den Eiweißdrink, Hauptsache, es verhilft dem Menschen zu mehr Leistung. Dabei geht es auch ohne die Zusatzpräparate. So könnten Sie statt einen Eiweißdrink auch Hähnchenfleisch, Hülsenfrüchte oder aber auch Milchprodukte wählen. Eine Leistungssteigerung bis zu 15 Prozent sind laut aktuellen Studien durch eine gesunde Ernährung möglich (siehe Fit For Fun, der Workout-Guide). Doch wie sieht das Thema Ernährung gerade im beruflichen Alltag aus? An sich wissen wir ja, was für uns bzw. unseren Körper das Richtige ist. Doch das Wissen, was richtig ist, hat bekanntlich wenig mit dem Umsetzen in der Realität zu tun. Was oftmals fehlt, ist nur die richtige Umsetzungsstrategie.

Beginnen Sie morgens mit einem guten und ausgiebigen Frühstück. Und wenn Sie schon um sechs Uhr unterwegs sein müssen, dann tauschen Sie den Schokoriegel in Ihrem Gepäck gegen einen Müsliriegel ein. Was hindert Sie daran, sich einen Joghurt, eine Banane oder ein Brot für unterwegs mitzunehmen? Meist kommt man sich komisch vor, unterwegs das eigene Pausenbrot auszupacken, wenn alle anderen zielstrebig in das nächste Restaurant oder Café gehen.

Immer mehr Rasthäuser bieten ernährungsbewusste Mahlzeiten wie Obstsalate, Müsli oder Vollkornprodukte an. Jetzt liegt es wieder mal an Ihnen, ob Sie doch zu dem Nudelgericht greifen (schließlich haben Sie ja vor, abends noch Joggen zu gehen und benötigen die entsprechenden Kalorien) oder sich für den Hähnchenbrustsalat entscheiden.

Des Weiteren sollten Sie alle Süßigkeiten von Ihrem Speiseplan verbannen – und am besten auch von dem Ihrer Kollegen und Mitarbeiter. Viel zu oft wird man regelrecht dazu verleitet, hier und da eine Kleinigkeit zu sich zu nehmen. Besonders dann, wenn wir merken, dass unser Blutzuckerspiegel sinkt und wir nicht mehr so leistungsfähig sind.

Die Anzahl der täglich empfohlenen Mahlzeiten ist stark von der jeweiligen Person abhängig. Wenn Sie übergewichtig sind, nicht an Diabetes leiden und abnehmen wollen, sollten zwischen den Mahlzeiten fünf bis sechs Stunden liegen. Durch diesen langen Zeitraum wird Ihr Blutzuckerspiegel absinken. Dies hat zur Folge, dass Ihr Körper zur Aufrechterhaltung Ihres Energiebedarfes vermehrt Körperfett abbaut. Der Zeitraum von fünf bis sechs Stunden wird von vielen Übergewichtigen leichter durchgehalten als von schlanken Menschen. Wenn Sie in kürzeren Zeitabständen immer wieder etwas essen, bleiben Sie zwar konstant leistungsfähig, nehmen aber höchstwahrscheinlich viel mehr Energie zu sich, als Sie aufgrund Ihrer Tätigkeit verbrauchen. Probieren Sie es aus, mit wie vielen täglichen Mahlzeiten Sie in der Regel am besten auskommen.

Wichtig ist, dass Sie, bevor Sie etwas essen, niemals vollständig ausgehungert sind. In diesem Falle isst man nämlich isst oft viel mehr, als man eigentlich sollte. Die Sättigungssignale des Körpers werden dann glatt überhört. Damit Ihr Körper auch noch genügend Zeit hat, die aufgenommene Nahrung zu verdauen und die darin enthaltenen Kalorien zu verbrennen, sollten Sie möglichst Ihre letzte Mahlzeit am Tag vier bis fünf Stunden vor dem Schlafengehen einnehmen.

Wenn Sie zu einem Geschäftsessen verabredet sind, sollten Sie einen Salat wählen und auf Kohlenhydrate oder fettige Soßen verzichten. Legen Sie die sogenannten Arbeitsessen möglichst in die Mittagszeit. Dies hat zwei Vorteile: Sie werden abends nicht zum Essen verführt und können den Abend für sich, die Familie oder für Freunde nutzen.

Doch kommen wir zu einem mindestens genauso wichtigen Bestandteil der Ernährung, dem Trinken. Und wie Ihnen bestimmt klar ist, ist hiermit nicht unbedingt das Glas Bier oder Wein nach Feierabend gemeint. Am besten trinken Sie gleich nach dem Aufstehen ein großes Glas Wasser, um Ihren Wasserverlust in der Nacht auszugleichen. Tagsüber können Sie dann auf Mineralwasser, Fruchtsaftschorlen oder ungesüßte Tees wie Grüner-, Kräuter-, oder Früchtetees umsteigen. Auch gegen die eine oder andere Tasse Kaffee (am besten ohne Zucker und

Milch) ist nichts einzuwenden, solange dieses Genussmittel nicht der Hauptbestandteil Ihrer flüssigen Nahrung ist.

Gewöhnen Sie sich an, immer ein volles Glas Wasser auf Ihrem Arbeitsplatz stehen zu haben, welches Sie innerhalb einer halben Stunde geleert haben sollten. Mit dieser Strategie trinken Sie jeden Tag mühelos circa zwei bis drei Liter Wasser. Wichtig ist, dass Sie rechtzeitig trinken und nicht erst dann, wenn sich Kopfschmerzen bemerkbar machen oder die Konzentration nachlässt.

Vor einem Meeting oder einem Workshop sollten Sie diese Strategie ein wenig abwandeln: Trinken Sie 20 bis 30 Minuten vor dem Meeting bzw. vor den eingeplanten Pausen etwas Sind Sie viel beruflich unterwegs, so nehmen Sie sich eine 0,5-Liter-Wasserflasche mit. Diese „Notration" hilft Ihnen nicht nur gegen den Durst, sondern auch gegen den plötzlich auftretenden Hunger.

Sport

Das Thema Sport ist neben dem Punkt Ernährung einer der Bereiche, der insbesondere von Führungskräften oder Leistungsträgern am meisten vernachlässigt wird. So paradox es auch klingen mag, aber gerade in Zeiten höchster Anspannung und Stress sollten Sie sich möglichst viel bewegen, anstatt Ihr vermeidliches Wohl auf der Couch zu suchen. Bei Stress produziert unserer Körper die Stresshormone Adrenalin und Cortisol. Eine ständige Stresshormonausschüttung wirkt sich körperlich aus (Verspannungen im Rücken und Nacken sowie Kopfschmerzen) und kann auch seelische und geistige Störungen mit sich bringen.

Mit regelmäßigem Sport oder Entspannungsübungen beugt man Stress vor. Auch wenn Sie angeblich keine Zeit für Sport oder Entspannung aufbringen können, kann man eine Menge Aktivitäten oder Aktionen mühelos in den Alltag integrieren. Nehmen Sie sich doch beispielsweise ab sofort vor, möglichst oft die Treppe zu benutzen. Hervorragend kann man dies mit dem Managementstil „Management by working arround" verbinden. So pflegen Sie einen wesentlich besseren Kontakt zu Ihren Kollegen und Mitarbeitern und tun noch etwas Gesundes für sich selbst.

Eine weitere gute Möglichkeit, insbesondere für diejenigen unter Ihnen, die viel unterwegs sind, ist das Joggen oder aber einfach mal das Spazierengehen. Es bietet eine hervorragende Möglichkeit, gleichzeitig etwas für sich und den Körper zu tun. Planen Sie täglich 30 Minuten für sportliche Aktivitäten ein. Hierbei spielt es erst mal keine Rolle, ob Sie bereits sportlich aktiv sind oder seit langer Zeit nichts mehr in dieser Richtung unternommen haben. Erfahrungen haben gezeigt, dass man die durch die sportliche Aktivität vermeintlich verlorene halbe Stunde im Laufe des Tages locker wieder aufholt, weil man sich wesentlich besser konzentrieren kann, man spürbar mehr Energie und Engagement hat und man wesentlich kreativer ist als ohne Sport. Wenn Sie beabsichtigen, durch den Sport auch noch abzunehmen, sollten Sie nach dem Sport 90 Minuten nichts essen und nur Wasser trinken. Zur Regeneration greift unser Körper in dieser Zeit vermehrt auf die ihm zur Verfügung stehenden Fettzellen im Körper zu. So sind Sie anschließend nicht nur fitter für den Tag, sondern machen gleichzeitig noch etwas für Ihre Gewichtsreduktion.

Wenn Sie beruflich viel unterwegs sind, nutzen Sie die sportlichen Angebote der Hotels. Viele von ihnen verfügen über einen Sportbereich, eine Sauna oder sogar ein Schwimmbecken. Greifen Sie auf diese Möglichkeiten nicht nur bei schlechtem Wetter zurück, sondern auch zur Abwechslung. Damit Sie auch regelmäßig etwas für sich tun, sollten Sie Ihren sportlichen Terminen eine genauso hohe Priorität einräumen wie beruflichen oder privaten Zeiten. Tragen Sie Ihren regelmäßigen Sporttermin in Ihren Terminkalender ein. Wie wäre es zum Beispiel mit einem Eintrag für eine regelmäßige Telefonkonferenz von einer Stunde Dauer? Genauso gut können Sie sich einen regelmäßigen Physiotherapietermin eintragen, wenn Sie wissen, dass Sie an einem bestimmten Tag immer zu Hause sind. Oder wie wäre es mit einer Anmeldung im Fitness-Studio? Hier hat die Erfahrung gezeigt: Je mehr dieses Studio kostet, desto eher ist man bereit, dort hinzugehen, da man ja schließlich dafür bezahlt.

Engagieren Sie sich am besten einen persönlichen Fitnesstrainer, der sie zunächst gründlich durchcheckt und anschließend mit Ihnen das weitere Trainingsprogramm zusammenstellt. Da viele Fitnesstrainer auch Ernährungsberatungen machen, erhalten Sie zusätzlich zum Training viele nützliche Tipps rund um ihre persönliche Ernährung.

Entspannung

Doch neben den bisher aufgezählten Energiebringern ist die Entspannung nicht zu unterschätzen. Und das Tolle daran ist: Mit ein wenig Übung kann man sie überall und kurzfristig anwenden. Ein paar Minuten reichen aus, um sich wieder fit und vital zu fühlen. Entspannung hilft uns auch, Stress abzubauen und einen ruhigen Punkt in all der Hektik zu finden.

Es gibt eine Vielzahl von Entspannungstechniken, sodass jeder seine Technik finden wird. Da die meisten Menschen es nicht gewohnt sind vom Alltag loszulassen, sollten Sie auch hierfür feste Zeiten einplanen. Berücksichtigen Sie dabei, , dass Entspannung nicht zwangsläufig gleichbedeutend mit einer totalen Ruhe ist. Generell unterscheidet man zwischen passiver und aktiver Entspannung.

Die wohl bekanntesten passiven Entspannungstechniken sind autogenes Training, progressive Muskelentspannung nach Jacobsen, Meditation, Yoga, Tai Chi, Massagen aller Art und so weiter. Bei der aktiven Entspannung, wie zum Beispiel durch Joggen oder Aerobic, geht es um das körperliche Auspowern. Man hat sich total körperlich verausgabt und fühlt sich gerade deshalb anschließend so gut.

Inzwischen ist es wissenschaftlich nachgewiesen, dass fehlende Entspannungszeiten sich nicht nur körperlich, sondern auch psychisch auswirken können. Gestresste Menschen klagen zunehmend über Kopfschmerzen, Muskelverspannungen - meist im Nackenbereich - und über Bluthochdruck.

Laut einer niederländischen Studie leider ca. drei Prozent der berufstätigen Männer und Frauen unter der sogenannten Freizeitkrankheit „leisure sickness". Typische Symptome sind Müdigkeit, Gliederschmerzen, Migräne, Immunschwäche und grippale Infekte. Ursache ist, dass der Körper sich an den für ihn inzwischen typischen Stress gewöhnt hat. Jede Ruhephase wird nun zum Stress und das psychovegetative System reagiert entsprechend. Laut dem Gesundheitspsychologen Dietmar Ohm (Lübeck) passieren aus diesem Grund viele Herzinfarkte nicht in den Belastungsspitzen, sondern nachts oder im Urlaub. Auch hier hilft nur regelmäßige Entspannung..

Am besten kombinieren Sie Sport und Entspannung miteinander. Gehen Sie zwei- bis dreimal pro Woche Joggen und an den anderen Tagen wählen Sie eine passive Entspannungstechnik. Doch gerade das Erlernen von Entspannungstechniken erfordert oftmals mehr als nur ein wenig Übung und Geduld, denn wir sind es nicht gewohnt bzw. haben die Fähigkeit einfach loszulassen, verlernt. Schließen sich zum Erlernen einer Entspannungstechnik einer kleinen Gruppe an oder aber gönnen sich den Luxus und nehmen sich einen Privatlehrer, der ganz individuell auf Ihre Bedürfnisse eingeht. Sehr viele Krankenkassen bieten mittlerweile kostenlose Entspannungsseminare an. Fragen Sie am besten bei Ihrer Krankenkasse nach.

Überlegen Sie, was Sie entspannt bzw. was Ihnen dabei hilft. Nehmen Sie sich ein Blatt Papier und einen Stift zur Hand und schreiben Sie es auf. Wie wäre es mit einem schönen Spaziergang oder mit einem kleinen Aufenthalt in Ihrem Lieblingscafé?

Um die Orte und Tätigkeiten herauszufinden, bei denen Sie sich am besten entspannen können, notieren Sie sich mal alle nicht beruflichen Tätigkeiten, bei denen Sie regelrecht die Zeit vergessen: Gartenarbeit, Musizieren, Lesen, Basteln Handwerken, Kochen, Backen etc. Wenn Sie sich so sehr auf eine Sache konzentrieren, dass Sie sogar alles um sich herum vergessen, dann haben Sie wirklich für mehr als nur einen Augenblick abgeschaltet und sich dabei entspannt.

Ganz egal, was Sie unternehmen, um sich zu entspannen: Wichtig ist nur, dass Sie sich anschließend wesentlich entspannter und besser fühlen als zuvor. Doch um einen ganzen

Tag leistungsfähig zu sein, sind genügend Schlaf und genügend Pausen unabdingbar.

Ausreichend Schlaf und Pausen

Auch durch ausreichend Schlaf gewinnt man neue Energie. Laut Forschungsergebnissen sollte man täglich zwischen sieben bis acht Stunden schlafen, was allerdings die wenigsten von uns tun. Diesen Zeitraum benötigt der Körper, um sich zu erholen und zu regenerieren. Zu wenig Schlaf hat letztendlich erhebliche Folgen für unseren Körper. So steigt das Stresshormon Cortisol im Blut an, was mit Folgen für das Herz-Kreislauf-System verbunden ist. Hinzu kommen eine Verringerung der Gedächtnisleistung sowie schwindende Kreativität. Autofahrer sollten daran danken, dass durch Schlafmangel die Reaktionsgeschwindigkeit rapide abnimmt.

Auch wenn es noch so viel zu tun gibt, sollten Sie darauf achten, dass Sie Ihre Arbeitszeit nicht zu Lasten Ihrer Schlafzeit verlängern. Kurzfristig kann der Körper einen gewissen Schlafmangel kompensieren, aber nicht über einen Zeitraum von mehreren Wochen oder sogar Monaten.

Genauso wie Sie auf regelmäßigen und ausreichenden Schlaf achten sollten, sollten Sie auch regelmäßig Pause machen. Glaubt man aktuellen wissenschaftlichen Untersuchungen, sollte man alle 90 Minuten eine mindestens zehnminütige Pause einlegen. Spätestens, wenn Ihre Konzentration nachlässt und Sie merken, dass Sie sich immer leichter ablenken lassen, sollten Sie eine Pause machen. Beschäftigen Sie sich in der Pause am besten mit etwas, was nichts mit ihrer Arbeit zu tun hat. Verlassen Sie beispielsweise Ihren Arbeitsplatz und holen Sie sich etwas zu trinken.

Noch recht ungewöhnlich ist der power (englisch, Kraftschlaf, Energieschlaf). Ein power nap ist ein 15- bis 30-minütiger Kurzschlaf zur Steigerung der Leistungsfähigkeit. Um nicht in die Tiefschlafphase zu gelangen, sollte man nicht länger als 30 Minuten schlafen. In Deutschland gibt es im Vergleich zu den USA bisher nur wenige Unternehmen, die ihren Mitarbeitern entsprechende Räumlichkeiten zur Verfügung stellen. Doch auch im täglichen Leben lässt sich so ein Power nap hier und da integrieren. Wenn Sie zum Beispiel beruflich mit dem Auto unterwegs sind, dann suchen Sie sich doch um die Mittagszeit einen geeigneten Parkplatz, stellen Ihren Wecker im Handy auf maximal 30 Minuten ein und lehnen sich anschließend gemütlich zurück. Auch die Wartezeiten auf einem Flughafen kann man so sinnvoll nutzen.

Ordnung – oder das Chaos um uns

Unsere Umgebung hat einen viel größeren Einfluss auf unseren Energiehaushalt, als wir glauben. Oftmals merkt merken wir es nicht direkt, dass uns etwas nervt oder unbewusst negativ beeinflusst. Im Grunde genommen sind gibt es unsere direkte physische Umgebung und die jeweiligen Menschen um uns herum..

Wie wohl fühlen Sie sich in diesem Moment in Ihrer derzeitigen Umgebung? Sitzen Sie vielleicht auf einem Flughafen umgeben von vielen Menschen, viel Lärm und wenig Platz um Sie herum? Oder sitzen Sie gerade zu Hause in Ihrem Lieblingssessel mit einem guten Glas Wein in der Hand?

Beobachten Sie sich mal selbst und fragen Sie sich öfter mal, was Ihnen an Ihrer Umgebung gefällt und was nicht. Es kann sich dabei herauskommen, dass Ihnen das Frühstück in Ihrem Stammhotel nicht wirklich gefällt, Sie aber nur deshalb immer wieder dort übernachten, weil es in der unmittelbaren Nähe zu Ihrem Arbeitsplatz liegt.

Mein erstes Buch „Erfolge sind planbar" habe ich fast ausschließlich im Steigenberger Hotel in Bad Homburg geschrieben. Trotz eines anstrengenden Arbeitstages hat mich das Ambiente dieses Hotels immer wieder dazu inspiriert, an dem Buch weiterzuschreiben.

Aber nicht nur wenn Sie auf Reisen sind, sollten Sie auf Ihre Umgebung achten. Beginnen Sie bei sich zu Hause. Was sind die drei größten Punkte, die Sie regelrecht nerven und die Sie bestimmt schon tausendmal erledigen wollten? Gehen Sie durch alle Räume, stellen Sie sich in die Mitte eines jeden Raumes und drehen sich jeweils einmal langsam um Ihre eigene Achse. Was fällt Ihnen alles auf, was Sie erledigen müssen oder verändern wollen? Notieren Sie all die Dinge, priorisieren Sie die aufgelisteten Punkte und machen Sie sich anschließend daran, all die Punkte abzuarbeiten. Vergessen Sie dabei auch nicht die eventuell defekten Geräte. Reparieren Sie diese oder werfen Sie diese auf den Müll. Überlegen Sie, ob Sie auf die defekten Geräte eventuell ganz verzichten können.

Erfahrungsgemäß ist es sehr motivierend mit den drei wichtigsten Dingen zu beginnen, die Sie am meisten stören. Anschließend sollten Sie sich einen Raum aussuchen und diesen vollständig entrümpeln. Beseitigen Sie alle Dinge, die Sie nerven bzw. die Ihnen Ihre Energie rauben. Wenn Sie damit fertig sind, haben Sie sich selbst einen Ort der Energiegewinnung geschaffen. Hierher können Sie sich zurückziehen und stolz darauf sein, etwas geschafft zu haben. Aber achten Sie darauf, dass die Ordnung nicht nur oberflächlich vorhanden ist. Es bringt gar nichts, wenn Sie alles Offensichtliche nur in irgendwelche Schränke und Schubladen packen. Spätestens dann, wenn Sie etwas suchen müssen, holt Sie Ihr Chaos wieder ein.

Wie ist um die Energieräuber an Ihrem Arbeitsplatz bestellt? Vermutlich sind hier Veränderungen nur dann uneingeschränkt möglich, wenn Sie der Unternehmenschef sind.

Was raubt Ihnen an Ihrem Arbeitsplatz Ihre Energie bzw. lenkt Sie vom effektiven Arbeiten ab? Oftmals kann man die Büromöbel nicht oder nur bedingt umstellen. Aber ein Platz für ein paar Annehmlichkeiten wie Bilder oder Blumen etc. ist meist vorhanden. Hier sollten Sie alle Möglichkeiten nutzen, um Ihre Arbeitsumgebung nach Ihren Vorstellungen zu gestalten.

Es gibt aber auch noch andere Dinge im beruflichen Umfeld, die uns regelrecht nerven und somit jede Menge Energie rauben. Wie sieht Ihre Ablagestruktur sowohl in Papier- als auch in Dateiform auf Ihrem Rechner aus? Finden Sie alles ohne längeres Suchen? Haben Sie das Büromaterial, das Sie tagtäglich benötigen, griffbereit? Man glaubt im ersten Augenblick gar nicht, was uns im Alltag so alles zusetzt und uns entsprechend Energie raubt.

Seit Anfang der Neunzigerjahre gibt es immer mehr „Feng Shui"-Anhänger in der westlichen Welt. Ziel dieser Lehre ist eine Harmonisierung des Menschen mit seiner Umgebung, die durch eine besondere Gestaltung der Wohn- und Lebensräume erreicht werden soll. Seien Sie in solchen Dingen auch mal offen für neue Ansätze und probieren Sie es einfach mal aus.

Auch Musik und Filme können dazu beitragen, neue Energie zu bekommen. Immer häufiger sieht man Mitmenschen mit einem Knopf im Ohr oder sogar mit Kopfhörern in der Öffentlichkeit. Dass dies insbesondere im Straßenverkehr sehr gefährlich sein kann, ist wohl klar. Dennoch ist das eine tolle Möglichkeit, neu aufzutanken.

Musik und Film

Haben Sie schon mal die Menschen beobachtet, die aus dem Kino kommen und zuvor einen Action- oder Liebesfilm gesehen haben? Nach einem Actionfilm sind insbesondere die männlichen Besucher oftmals viel besser drauf als vor dem Film. Es wird sich lauter unterhalten oder man klopft dem Freund oder Kollegen etwas härter und zackiger auf die Schulter als sonst. Nach einem guten Liebesfilm ist zu beobachten, dass die Pärchen Hand in Hand und zum Teil eng umschlungen das Kino verlassen.

Wie ist das bei Ihnen? Welche Filme gefallen Ihnen und geben Ihnen neue Energieimpulse? Es gibt Filme die uns zeigen, was beispielsweise alles beruflich oder sportlich möglich ist. Denken Sie hierbei an die Filme „Das Geheimnis meines Erfolges", „Rocky" oder die Tanzfilme „Streetdance" oder „Flashdance". Auch wenn wir wissen dass dies „nur" Filme sind, bewegen diese uns und wir gewinnen neue Energie für unser Handeln.

Genauso ist es mit der Musik. Im sportlichen Bereich hat man festgestellt, dass durch das Hören von motivierender Musik die Leistungen um bis zu zehn Prozent gesteigert werden können.

Welche Musik beruhigt Sie, lässt Sie kreativ werden oder motiviert Sie zu sportlichen Höchstleistungen? Achten Sie mal bewusst darauf, was die Musik, die Sie gerade hören, in Ihnen auslöst. Nicht jede Musik passt zu jeder Gelegenheit. So saß ich mal mit einem Kunden in einem guten chinesischen Restaurant, wo im Hintergrund – wie üblich – Musik lief. Im Laufe des Gespräches stellten wir gemeinsam fest, dass uns irgendetwas störte. Irgendetwas passte nicht in die ansonsten so nette Umgebung. Es war die Jazz-Musik., die die ganze Zeit im Hintergrund lief. Nichts gegen diese Art von Musik, aber Sie störte dort das ruhige Ambiente.

Stellen Sie sich doch Ihre ganz persönliche Musiksammlung zusammen. Richtigen Sie sich beispielsweise auf Ihrem Handy drei verschiedene Musikkategorien ein. In die Musikkategorie „Entspannung" gehören Titel, bei denen Sie sich ohne Probleme entspannen können. Es bieten sich hierfür Stücke aus Entspannungs-CDs und Mentaltrainings an. Wie wäre es beispielsweise mit einem Meeresrauschen und einem Kaminfeuerknistern?

Auch klassische Musik bietet sich an: beispielsweise „Die Moldau" von Smetana oder „Für Elise" von Beethoven. Die dritte Kategorie heißt: „Rock". Sicherlich haben Sie auch Lieblingslieder, die Sie begeistern, motivieren oder schöne Erinnerungen in Ihnen wachrufen.

Es gibt zahlreiche Situationen, in denen Sie Ihre Musik für sich gewinnbringend nutzen können. So könnten Sie zum Beispiel morgens zehn Minuten ganz entspannt Ihre Lieblingsmusik hören, bevor Sie aufstehen. Auch die Fahrt zur Arbeit können

Sie je nach Geschmack musikalisch untermalen.. Auch auf dem Weg zu einem Kunden kann man sich mit Musik hervorragend auf das Gespräch einstimmen.

Wenn man gestresst ist und regelrecht unter Strom steht, hilft Entspannungsmusik. Oft reichen zehn bis 20 Minuten aus, um sich zu entspannen und neue Energie zu tanken. Rockige Musik eignet sich, um wieder munter zu werden und neue Tatkraft zu bekommen.

Letztendlich ist es gleichgültig, welche Musikart oder welchen Film Sie wählen, entscheidend ist die anschließende Wirkung. Hauptsache ist, Sie fühlen sich danach besser als vorher und sind anschließend voller Energie.

R WIE RESULT

    In die deutsche Sprache übersetzt, heißt „Result" Ergebnis. Das Ergebnis eigener Entscheidungen und Handlungen wird auch als Erfolg bezeichnet.

Im betriebswirtschaftlichen Kontext geben Kennzahlen Auskunft über den Grad der Erreichung bestimmter, vorher festgelegter Ziele. Die Ergebnisse aller Teilziele fließen in die Gewinn- und Verlustrechnung ein und gelangen als Gesamtergebnis, den Erfolg widerspiegelnd, in die Jahresbilanz des Unternehmens. Der Gesamterfolg kann sowohl positiv als auch negativ ausfallen – wobei negativer Erfolg als Misserfolg gewertet und als Verlust bezeichnet wird. Typische Kennzahlen, an denen der Erfolg in Unternehmen gemessen wird, sind: Gewinn, Return on Investment oder der Shareholder Value von Aktiengesellschaften.

Bereits in der Schule wurde unser Erfolg an Kennzahlen oder Noten gemessen, die uns darüber informiert hatten, wie wir im Verhältnis zu anderen standen.

Erfolg wird also meistens mit einem positiven Ergebnis gleichgesetzt: Ein erfolgreiches Buch ist eines, was sich gut verkauft. Ein erfolgreiches Unternehmen ist ein Unternehmen, das seine Produkte gut und gewinnbringend verkauft. Eine erfolgreiche Führungskraft ist eine, deren Mitarbeiter hervorragende Arbeitsleistungen abliefern. Generell gilt: Je mehr, desto besser.

Bleibt der Erfolg einmal aus oder die Kennzahlen gleich, stagniert er. Dies bedeutet für viele Unternehmen keinen Stillstand, sondern Rückschritt und damit Erfolglosigkeit. Durchschnittliches Wachstum reicht in Anbetracht des globalen Wettbewerbs nicht mehr aus. Langfristplanungen treten in den Hintergrund. Der kurzfristige Erfolg zählt. Hohe, sehr hohe Renditen müssen erwirtschaftet werden, um die Shareholder zufriedenzustellen. Darin spiegelt sich heute der Erfolg bei Aktiengesellschaften wider.

Die Konsequenzen, die ein solches Handeln nach sich zieht, sind auf dem globalen Markt gut zu beobachten. Ganz Deutschland, als ehemaliger Produktionsstandort, leidet unter den Maßnahmen dieses Systems. Niedriglohnländer werden solange ausgebeutet, bis die Wirtschaft in diesem Land boomt. Sobald die Löhne steigen wird der Produktionsstandort für die international tätigen Unternehmen unattraktiv. Der globale Wettbewerb zwingt sie, ihre Kosten so niedrig, wie möglich zu halten und ihre Produktion in andere Niedriglohnländer zu verlagern.

Die wahren Kosten, die eine solche Werkschließung, inklusive ihrer Abfindungen an die Mitarbeiter oder eine Verlagerung an einen neuen Produktionsstandortes verursachen, bis das neue Werk produktiv arbeitet, werden immer erst dann gesehen, wenn sie auftauchen. Der kurzfristige Erfolg entscheidet über die Zukunft eines Unternehmens.

Die Frage nach dem Sinn eines solchen Verhaltens wird beantwortet mit dem Ziel maximaler Profitsteigerung. Die Wettbewerbsfähigkeit wird zur Überlebensstrategie.

„Egal, woher wir kommen und wer wir sind, egal, was wir produzieren, egal, wie es intern um uns steht: Das Allerwichtigste ist, mehr Profit zu erwirtschaften - wobei das „WIR-Gefühl" der Mitarbeiter immer weiter verloren geht, da sie nur noch als Funktionselemente innerhalb der Gewinnmaximierungsstrategie fungieren."

Das quantitative „Mehr oder Weniger" wird zum Maßstab des qualitativen „Besser oder Schlechter". Die Unternehmen, die ausschließlich im Sinne des Profits geführt werden, haben mit den Menschen etwas gemeinsam, die den Sinn ihrer Arbeit und des darin erzielten Erfolges zur Sinnfrage ihres Lebens gemacht haben. Ohne Erfolg werden sie krank und gehen kaputt. Sachzwänge und Optimierungsprogramme haben sie vergessen lassen, was denn der eigentliche Sinn ihres Tuns ist.

Wer langfristig erfolgreich, gesund und zufrieden bleiben will, für den hat jedoch die Bindung an bestimmte Werte und die Sinnhaftigkeit eine zentrale Bedeutung. Denn fast alles, was wir denken oder fühlen, kommt eines Tages auf uns zurück.

Ursache und Wirkung

Im Prinzip von Ursache und Wirkung sind Glück und Zufall Bezeichnungen für das noch nicht erkannte Gesetz. Jeder Gedanke, jedes Gefühl, jede Tat besitzt eine Ursache, die eine Wirkung nach sich zieht. Umgekehrt hat natürlich jede Wirkung eine Ursache. Werner Mitsch, deutscher Schriftsetzer und Aphoristiker, hat einmal gesagt: „Wer die Ursache nicht kennt, nennt die Wirkung Zufall."

Ob dieses Prinzip wirklich immer wirkt und es tatsächlich keine Zufälle gibt, sei dahin gestellt. In vielen Fällen jedoch können die eigenen Gedanken und Handlungsweisen die Ursache dafür sein, wie andere sich uns gegenüber verhalten.

Wir sind, was wir tun und ziehen all das im Leben an, was unseren täglichen Handlungen, Gedanken und Emotionen entspricht. Schlechte Gedanken bewirken negative Reaktionen. Gute Gedanken bewirken positive Reaktionen. Wenn wir uns im Spiegel anstrahlen, strahlt das Spiegelbild zurück. Wenn wir schlecht gelaunt und grimmig hineinsehen, strahlt es leider grimmig zurück.

Letztendlich wird der Erfolg eines Unternehmens das sein, was seine Mitarbeiter unter bestimmten Gegebenheiten und Rahmenbedingungen denken und auch tun. Und bekanntermaßen sind Gedanken ja frei, oder??

Künstliches Schönmalen oder Verschweigen von negativen Situationen ist keineswegs empfehlenswert, geschweige denn energiebringend. Vertrauen wird durch Zutrauen geschaffen. Dazu gehört auch eine gewisse vertrauensvolle Offenheit, wenn es mal nicht so rund läuft. Ähnlich, wie in einer Ehe, in der man sich gegenseitig Halt gibt: „in guten und in schlechten Zeiten".

Bleibt die Stimmung trotz des entgegengebrachten Vertrauens schlecht, ist es sinnvoll, den negativen Gedanken durch Befragungen auf den Grund zu gehen, denn auch sie haben Ursachen, die nicht immer auf eine schlechte Kindheit zurückführen sind, sondern auf schlechte Arbeitsbedingungen, unsinnige Zielvorgaben oder eine fehlende Werteorientierung.

Mitarbeiter, die langfristig mit den Entscheidungen eines Unternehmens unzufrieden sind, werden sich der Macht des Arbeitgebers zwar beugen, jedoch nur wegen des Geldes arbeiten und nicht wegen der Sache.

Letztendlich sind es die Menschen, die über den Erfolg und Misserfolg eines Unternehmens entscheiden. Umso wichtiger ist es, sie sachgemäß zu begreifen und das heißt eben nicht, sie als Sache zu begreifen!

Sinnvolle Führung mit der Performer-Methode

Die Performer-Methode versteht sich nicht als allgemeingültiges Rezept für den Erfolg eines Unternehmens. Sie will lediglich zum Nachdenken anregen, was einen „wertvollen und damit. nachhaltigen Erfolg" ausmacht, und wie man durch einfaches

Nachdenken und Nachsinnen Schritt für Schritt zu einer langfristig erfolgreichen Gesinnung und damit Führung kommt.

DIE PERFORMER-METHODE AUF EINEN BLICK

P wie Purpose

Sinn stiften, werteorientiert handeln
Nachhaltige Erfolge anstreben.
Erfolg nicht um jeden Preis.

E wie Empowerment

Persönliche Weiterentwicklung der Mitarbeiter und Führungskräfte fördern.
Stärken erkennen und einsetzen.
Die Freude an der Arbeit ist ebenso
wichtig, wie notwendige Fertigkeiten.

R wie Relationship

Kommunikation zwischen Experten
und Managern verbessern.
Werte wirkungsvoll kommunizieren
und Wissen vernetzen.
Aufbau und Pflege von Beziehungen/
Netzwerken

F wie Flexibility

Flexibel auf Veränderungen reagieren

O wie Optimism

Erst, wenn wir den Mut haben Ideen
einzubringen und Entscheidungen zu
treffen, gewinnen wir Erfahrungen
und Selbstvertrauen. Entscheidend ist,
was für Schlüsse wir aus unseren
Niederlagen ziehen und wie wir damit
im Leben umgehen.

R wie Respect	Respektvolles Handeln, sich und andere so respektieren lernen. Positives Grundverständnis: Ursache, Wirkung.
M wie Motivation	Mitarbeitern den Sinn und Zweck ihrer Aufgabe vermitteln. Mitarbeiter als Teil des Großen und Ganzen.
E wie Energy	Freude bei der Arbeit verleiht Energie.
R wie Result	Wertorientierte und sinnvolle Führung schafft flexible, optimistische und motivierte Mitarbeiter, die ihr Wissen und ihre Stärken im Sinne eines nachhaltigen Unternehmenserfolges einsetzen.

Die Methode versucht sinnorientiertes Führungsverhalten zu fördern. Denn sinnlose Unterfangen machen schlicht und einfach keinen Spaß! Sinnvolle Arbeit (*Purpose*) dagegen schon. Letztendlich wünschen wir uns alle, dass die Arbeit nicht nur Pflicht ist, sondern auch Freude bereitet, so wie Tagore es einst sagte:

„Ich schlief und träumte, das Leben wäre Freude. Ich erwachte und sah, das Leben war Pflicht. Ich entschloss mich, zu handeln, und siehe: Die Pflicht war Freude."

Die Sinnkrise hat damit zu tun, dass wertorientierte Führung ausbleibt. Die Kunst sinnvollen Führens besteht im Wesentlichen darin, die Pflicht mit Freude zu verbinden, um Tatkraft zu schaffen. Die alleinige Orientierung am Profit, Einkommen oder an guten Noten mag zeitweise wirkungsvoll sein, verliert jedoch an Wirkung, je länger diese Gesinnung durchgehalten werden muss. Irgendwann wird der Mensch oder das Unternehmen an den Punkt kommen, an dem er sich fragt, wofür er sich anstrengt, wofür er sich aufreibt und was ihn eigentlich antreibt. Er wird realisieren, dass er sich verlaufen und das Wesentliche aus den Augen verloren hat. Es fehlt ihm an Energie.

Gelingt es ihm nicht, seine Antreiber zu finden oder sich zumindest mit dem, was er macht, zu identifizieren, wird er eines Tages entweder nur noch Dienst nach Vorschrift machen oder solange arbeiten, bis er krank wird oder umfällt. Deswegen ist eine sinnvolle und sinnstiftende Führung von Mitarbeitern mindestens genauso wichtig wie die Ausbildung irgendwelcher Fertigkeiten (*Empowerment*).

Werte, für die es sich lohnt zu leben oder zu arbeiten, geben Menschen Sinn. Werte dienen der Orientierung und sind ein Hilfsmittel, um ein glückliches Leben und sinnvolles Arbeiten zu ermöglichen. Nicht jeder Beruf muss zur Berufung werden!

Ein Ziel vorzugeben, um der Zielvorgabe willen, stiftet noch keinen Sinn. Bei finanziellen Zielen könnte man auch sagen, dass Geld zwar die Welt regiert, es dem Leben oder der Aufgabe jedoch nicht automatisch einen Sinn verleiht. Sinnvolle Teilziele werden so festgelegt, dass sie zum Unternehmenszweck und zu den Wertvorstellungen des Unternehmens passen. Malik vergleicht den Zweck und die Strategie eines Unternehmens mit dem Motiv einer Symphonie und setzt das Niederschreiben der Töne auf Notenpapier gleich mit der Erarbeitung von Zielen. Erst im Erkennen des möglichen Klanges der Symphonie beginnt das Zusammenspiel Freude zu bereiten. Das Schreiben der Noten und das Einüben sind mühsame Kleinarbeit.

Die Kunst sinnvollen Führens besteht also zunächst darin, den Mitarbeitern den Sinn und Zweck des Unternehmens so zu vermitteln, dass er von allen Mitarbeitern verstanden wird. Der Performer ist bemüht, dass sich die Mitarbeiter mit den Zielen des Unternehmens identifizieren und ein WIR-Gefühl entwickeln. Tatsächlich ist die Führung von Mitarbeitern eine Beziehung (*Relationship*) und basiert auf der Balance, die jede menschliche Beziehung verlangt, nämlich die Eigeninteressen so zu verbinden, dass sie im Interesse des Unternehmens eingesetzt werden können.

Um sinnvolle Entscheidungen treffen und Maßnahmen festlegen zu können, ist es wichtig, dass Mitarbeiter und Führungskräfte einen Weg finden, ihre Kenntnisse und Erfahrungen so auszutauschen, dass sie sich verstehen. Dazu bedarf es, neben einem respektvollen Umgang, einer geeigneten Kommunikation, die eine gewisse Feinfühligkeit und Empathie für die Interessenlage des anderen voraussetzt. Diese Fähigkeit ist auch die Voraussetzung für einen effektiven Aufbau und die Pflege von internen und externen Beziehungen und Netzwerken.

Ferner erfordern die immer kürzer werdende Produktphasen und Einführungen neuer Technologien flexible und offene Mitarbeiter, die sich neuen Marktsituationen schnell anpassen können. (*Flexibility*).

Ein Unternehmen braucht optimistische Menschen, die ihre Ideen einbringen. Die Schaffung eines angstfreien Arbeitsklimas und die Berücksichtigung der individuellen Stärken und Schwächen der Mitarbeiter, ist eine Quelle für mutige Entscheidungen. Ein offener Umgang mit Veränderungen und der Glaube, dass das eigene Handeln wertvolle Früchte tragen wird, das sich nicht ausschließlich an Zahlen messen lässt, oder an einem kurzweiligen Erfolg, sondern wichtiger Bestandteil des sinnvollen Großen und Ganzen ist, bildet das Fundament für den langfristigen Bestand eines Unternehmens. (*Optimism*).

Gegenseitiger Respekt (*Respect*) untereinander, aber vor allem auch zwischen Führungskräften und Mitarbeitern, ist die Grundvoraussetzung für ein produktives Miteinander und stärkt das Bewusstsein, ein wichtiger Teil des Großen und Ganzen zu sein.

Eine gute Führungskraft ist sehr stark an der persönlichen Weiterentwicklung ihrer Mitarbeiter interessiert. Sie ist erreichbar und ansprechbar und kennt ihre Mitarbeiter. Daher setzt sie die Mitarbeiter analog ihrer jeweiligen Stärken ein.

Die Führungskraft hat sich zudem den Zielen des Unternehmens verpflichtet und ist sich bewusst, dass sie nur dann sinnvolle Urteile bilden und Entscheidungen treffen kann, wenn sie auf den Rat ihrer Mitarbeiter vertraut.

Indem sie ihnen etwas zutraut, schafft sie Vertrauen und stärkt das Selbstwertgefühl ihrer Mitarbeiter.

Die Sinngebung korreliert letztlich mit der Kraft zu leben. Sie verleiht Menschen Flügel, motiviert (*Motivation*) sie und befähigt sie, mit Stressoren besser umzugehen. Aus der Erkenntnis, wofür wir tätig werden oder leben, bildet sich unsere Lebens- und Tatkraft (*Energy*). Ohne Liebe zum Leben oder dem, was wir tun, gibt es keinen Sinn.

Welche Werte sollte also die ideale Führungskraft haben, um ein Unternehmen erfolgreich (*Result*) zu führen oder mitzuführen? Welche Eigenschaften besitzt der ideale, wirksame Performer?

Leider müssen wir Ihnen am Ende dieses Buches mitteilen, dass es die ideale Führungskraft gar nicht gibt. Menschen sind nicht perfekt und machen Fehler. Sicherlich gibt es talentierte und sinnstiftende Manager, die außergewöhnlich gute Entscheidungen treffen. Vielleicht können sie sogar als „Berufene" bezeichnet werden. Doch was sollen wir von diesen Führungskräften lernen? Zum einen sind sie rar, zum anderen scheint ihnen das Talent in die Wiege gelegt worden zu sein.

Sie fragen sich jetzt vielleicht, ob Sie das falsche Buch gelesen haben. Vielleicht können Sie momentan nicht das leisten, was Sie vermeintlich leisten sollen. Vielleicht fehlt Ihnen der Sinn!

Aus unserer Sicht ist es sinnvoll, sich auf Sinnvolles zu besinnen. Doch es gehört noch mehr dazu, nämlich die Umsetzung, die Tat. Sind Sie sich unsicher, ob Sie ein guter Manager sind? Der beste Ort, um gutes Führungsverhalten und Menschlichkeit zu lernen, ist dort, wo andere sich aufhalten und einander begegnen.

Manager mit einem guten Führungsverhalten haben es gelernt, sich selbst mit all ihren Stärken und Schwächen anzunehmen. Sie strahlen Würde und Achtung aus und besitzen daher die Fähigkeit, andere Menschen für sich zu gewinnen. Auf Dauer kann niemand führen, dem keiner freiwillig folgen will. Er wäre vielleicht noch Vorgesetzter, jedoch ohne Führungskraft. Schon Herman Hesse sagte: „Wer lange leben will, muss dienen. Wer aber herrschen will, der lebt nicht lange."

Deshalb plädieren wir an dieser Stelle dafür, dass Sie sich die Zeit zum Nachdenken zu nehmen, um neuen Sinn zu stiften und von allen Erfolgsrezepten abzusehen. Denn es gibt keine pauschalen Erfolgsrezepte. Wer aber etwas anfängt und die Initiative ergreift, bewegt etwas aus der Schwere einer Ruhelage bis es in Fahrt kommt und dann gilt es, Kurs zu halten. Ahoi!

Wir hoffen, dass Ihnen unser Buch gefallen hat und Sie inspiriert wurden, Neues zu wagen. Wir wünschen Ihnen viel Spaß und Erfolg bei der Umsetzung

Ihr

Peter Buchenau & Alexander Hofmann

LITERATURVERZEICHNIS

Baker, Kent; Nofsinger, John (2010). Behavioral Finance: Investors, Corporations, and Markets. London: John Wiley & Sons

Blanchard, Kenneth; Carlos, John; Randolph, Alan; Enright, Roswitha (1999). Management durch Empowerment: Das neue Führungskonzept: Mitarbeiter bringen mehr, wenn sie mehr dürfen. Reinbeck: Rowohlt Verlag

Brigitte .de (2011). Energie tanken, Balance gewinnen. Hamburg: Verlagsgruppe BRIGITTE

Bucksteeg, Mathias; Hattendorf, Kai (2009). Führungskräftebefragung 2009. Wertekommission, Initiative Werte bewusste Führung

Carnegie, Dale (2006). Wie man Freunde gewinnt. Frankfurt: Fischer Verlag

Csikszentmihalyi, M. (1992). Flow: Das Geheimnis des Glücks. Stuttgart: Klett-Cotta

Davis, Zach (2011). Vom Zeitmanagement zur Zeitintelligenz. Geretsried: Peoplebuilding Verlag

Fengler, Jörg; Sanz, Andrea (2011). Ausgebrannte Teams: Burnout-Prävention und Salutogenese. Stuttgart: Klett-Cotta

Freisinger, Gisela Maria; Endres, Helene (2010). Ende der Herrlichkeit. Hamburg: Managermagazin 16.8.2010

Hofmann, Alexander (2009). Erfolge sind planbar. Berlin: Hofmann Verlag

Jantzen, Gerhard A. (2009). Das :EKV-Prinzip: oder der gefesselte Elefant. Gmunden: J-K-Fischer Verlag

Kaluza, Bernd; Blecker, Thorsten (2004). Erfolgsfaktor Flexibilität: Strategien und Konzepte für wandlungsfähige Unternehmen. Berlin: Erich Schmidt Verlag

Kelly, Ryan (2009). Twitter Study 2009. San Antonio, Texas: Pear Analytics

Loderhose, Willy (2010). Die Erfolgs-Diät von FIT FOR FUN: Schlank werden - schlank bleiben. München: Callway Verlag

Malik, Fredmund (2009). Führen, Leiten Leben. Wirksames Management für eine neue Zeit. Frankfurt/New York: Campus Verlag

Niermeyer, Rainer; Seyffert, Manuel (2009). La Motivation. Paris: Ixelles editions

Pichler, Roman (2008). Scrum - Agiles Projektmanagement erfolgreich einsetzen. Heidelberg: dpunkt.verlag

Pletzer, Marc A. (2007). Emotionale Intelligenz - Das Trainingsbuch. München: Haufe Verlag GmbH

Rath, Tom (2004). Impact of Positive Leadership. Washington: Gallup Press

Scherer, Hermann (2007). Von den Besten profitieren. 4 Bde. Heidesheim: Gabal Verlag

Sher, Barbara (2005). Ich könnte alles tun, wenn ich nur wüsste was ich will. München: Deutscher Taschenbuch Verlag

Sprenger, Reinhard K. (2002). Vertrauen führt: Worauf es im Unternehmen wirklich ankommt. Frankfurt/New York: Campus Verlag

Sprenger, Reinhard K.; Plaßmann, Thomas (2010). Mythos Motivation: Wege aus der Sackgasse. Frankfurt/New York: Campus Verlag

stern.de: Persönlicher Energiebedarf: So viel Kalorien braucht Ihr Körper. Hamburg: stern.de GmbH

Schwarz, Gerhard (2007). Führen mit Humor. Ein gruppendynamisches Erfolgskonzept. Wiesbaden: Gabler Verlag

ÜBER DIE AUTOREN

Peter Buchenau

*Den Weg gehen hin zu
Ausgeglichenheit, Leistung und
Lebensfreunde.*

www.peterbuchenau.de

Peter Buchenau ist Ratgeber und Experte für Leistungsstei-gerung, ausgebildeter Trainer und zertifizierter Coach. Der Be-rater und Lehrbeauftragte ist Spezialist für die Früherkennung von Stresssymptomen und dem Burnout-Syndrom.

Seit über 15 Jahren konzentriert sich Peter Buchenau auf die Leistungssteigerung von Management, Führungskräften und Mitarbeitern in Unternehmen. Mit begeisternden Vorträgen versteht es Peter Buchenau dabei, Mitarbeiter unterhaltsam, ja fast spielerisch, zu sensibilisieren und zu motivieren. Seit 2011 ist Peter Buchenau zusätzlich Vorstandsvorsitzender des Burn-out-Zentrum e.V. – des Fachverbands für Stressbewältigung und Burnoutprävention.

Alexander Hofmann

Die Zeit arbeitet weder für
noch gegen einen,
es kommt immer darauf an,
was man aus ihr macht.

Alexander Hofmann ist Experte in den Bereichen Projekt-
und Krisenmanagement. Im Laufe seiner mehr als 20-jährigen
Tätigkeit war er für zahlreiche internationale Unternehmen tätig. Nach seinem Studium verantwortete er den Bereich Controlling und Betriebsorganisation eines großen Handelsunter-
nehmens. Anschließend arbeitete er mehr als 12 Jahre für große
internationale Unternehmensberatungen als Manager und Projektleiter. Seit 2007 ist Alexander Hofmann als selbständiger
Berater mit den Schwerpunkten Projektmanagement, Merger/
DeMerger, Krisen- und Change-Management tätig.

Mit Humor und Spaß
↗ # zu weniger Stress

Leicht umzusetzende Praxistipps eines erfahrenen Coaches

Stress gehört zum Berufs- und Privatleben der meisten Menschen dazu. Immer mehr Menschen bekommen jedoch durch Stress gesundheitliche Probleme. Das wiederum führt zu vermehrten Ausfallzeiten in den Unternehmen und stellt somit zunehmend eine volkswirtschaftlich relevante Komponente dar.

Diese humorvoll und verständlich geschriebene Anleitung zeigt allen, die unter Stress leiden, wie ein veränderter Umgang mit Stress zu erhöter Lebensqualität und Produktivität führt. Personalverantwortliche und Führungskräfte, die die Fehlzeiten in ihrem Unternehmen reduzieren und damit die Produktivität steigern wollen, erhalten wichtige Hinweise.

Der Inhalt

Das Adrenalinzeitalter
Was macht Stress mit unserem Körper?
Durch Stress verursachte Erkrankungen
Ihre Work-Life-Balance
Was ist Stressregulierung genau?
Ihre 10 Ersthelfer gegen Stress

Der Autor

Peter Buchenau ist seit über 15 Jahren als Krisenmanager, Projektcoach und Stressregulierungstrainer auf dem internationalen Markt tätig. Kunden wie die Deutsche Telekom, Siemens, Unisys, UBS vertrauen auf seine Fähigkeiten. 2002 gründete er die „The Right way GmbH" mit Niederlassungen in St. Gallen und Würzburg (www.the-right-way.eu).

Peter Buchenau
Der Anti-Stress-Trainer
10 humorvolle Soforttipps
für mehr Gelassenheit
2010. 158 S.
Br. EUR 17,95
ISBN 978-3-8349-1808-6

Änderungen vorbehalten. Stand: September 2011.
Erhältlich im Buchhandel oder beim Verlag

Gabler Verlag . Abraham-Lincoln-Str. 46 . 65189 Wiesbaden . www.gabler.de

GABLER

The manufacturer's authorised representative in the EU is Springer
Nature Customer Service Centre GmbH, Europaplatz 3, 69115 Heidelberg,
Germany. If you have any concerns regarding our products, please
contact ProductSafety@springernature.com

Printed and bound by CPI Group (UK) Ltd, Croydon, CR0 4YY

28/04/2026

02098484-0001